KB260618

당신은 사건 현장에 있습니다

SEASON: 3

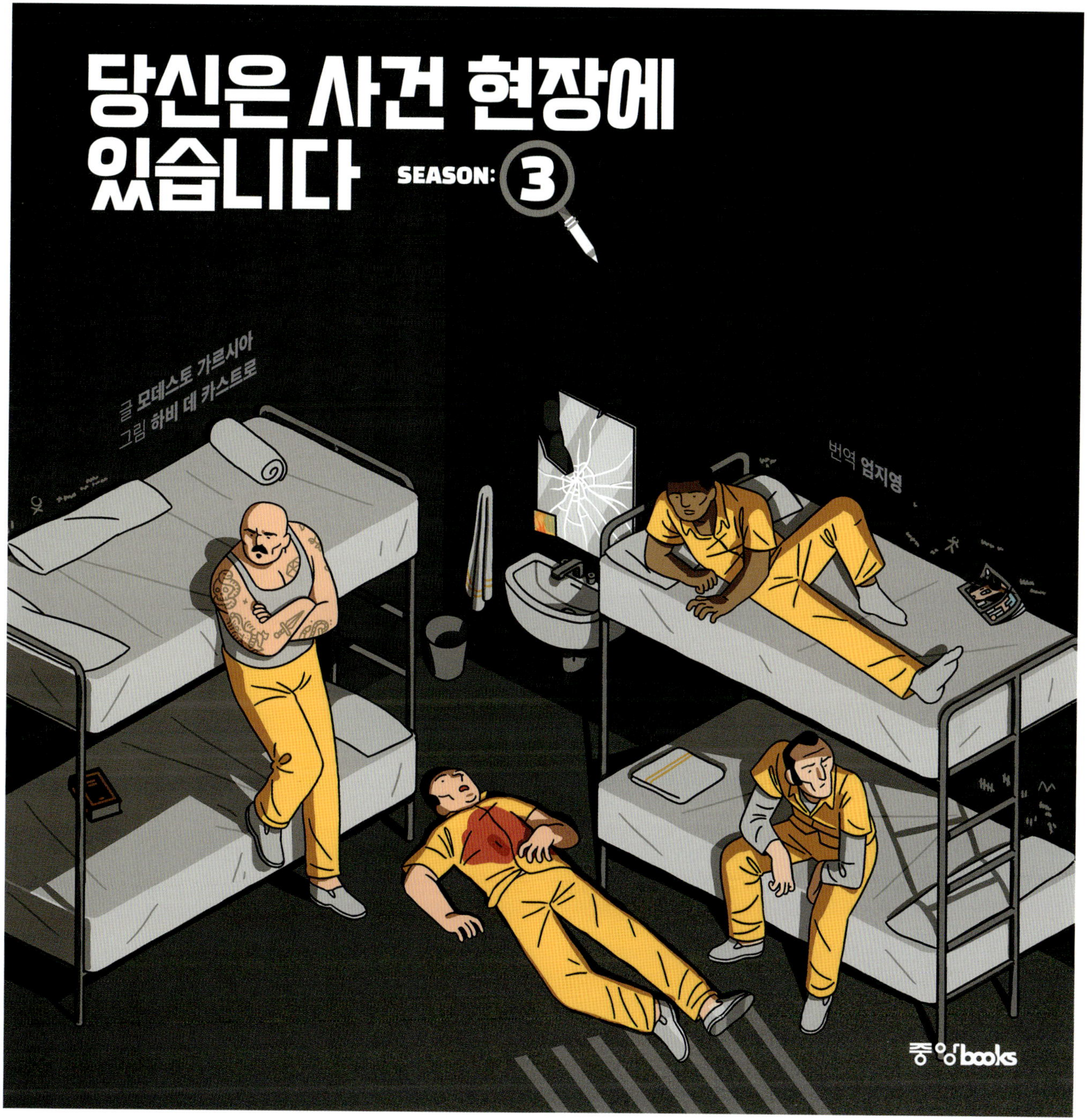
당신은 사건 현장에
있습니다
SEASON: 3
글 모데스토 가르시아
그림 하비 데 카스트로
번역 엄지영
중앙books

CRIMENES ILUSTRADOS 3
by Modesto García (the Author) and Javi de Castro (the lllustrator)

All rights reserved.
Originally published in Spain by Penguin Random House Group Edirtorial, S.A.U.,
Korean translation rights arranged with Penguin Random House Group Edirtorial, S.A.U., through Imprima Korea Agency

이 책의 한국어판 저작권은 임프리마 에이전시를 통한 저작권사와의 독점 계약으로 중앙일보에스(주)에 있습니다.
저작권법에 의해 한국 내에서 보호를 받는 저작물이므로 무단 전재와 복제를 금합니다.

나의 형제들에게,
항상 그들과 함께했기에
삶이 내게 던진 미스터리와
수수께끼를 더 쉽게
해결할 수 있었으리라.

*이 책에 수록된 사건은 픽션이며, 인물, 지명, 단체 등은 사실과 무관합니다.

한국의 탐정들에게

사랑하는 한국의 독자 여러분. 지금까지 〈당신은 사건 현장에 있습니다〉 프로젝트에 열광적으로 호응해 주신 여러분께 뭐라고 감사의 말씀을 드려야 할지 모르겠습니다. 비록 저와 가장 멀리 떨어진 곳에 살지만, 여러분만큼 이 게임을 즐기는 독자들이 없기에 오히려 가장 가깝게 느껴집니다.

코로나19로 인해 마드리드의 제 아파트에서 갇혀 지내는 동안 잠시나마 즐거운 시간을 보내기 위해 시작한 작은 아이디어가 어느새 8개국 이상에서 3권에 이르는 시리즈로 발전했습니다. 여러분과 같은 독자들의 성원 덕분에 이 프로젝트가 국경을 넘어 이렇게 성장할 수 있다는 것이 그저 놀랍기만 합니다. 게다가 이 사건들을 즐기는 한국의 '탐정'들이 이렇게나 많다니 감격스러울 따름입니다.

저는 언젠가 한국을 방문하여 한국과 그 문화를 손수 체험해 보기를 오래전부터 꿈꿔 왔습니다. 그때까지 제가 만든 12개의 미스터리 사건을 여러분도 즐겁게 해결하시길 바라며 이 글을 마칠까 합니다. 이 모험에 계속 함께해 주셔서 감사합니다!

모데스토 가르시아

사건 현장을 해결하기 위한 8개의 키워드

이 책에는 당신이 진실을 발견하고 범인을 찾을 때까지 탐정의 끈기를 발휘해 세밀하게 분석하고 해결해야 할 사건 현장이 담겨 있습니다. 본격적으로 사건 현장에 뛰어들어 수수께끼를 풀어나갈 수 있도록 이 책을 즐기는 방법을 안내합니다.

1. 사건 현장으로 가라

이 책에 수록된 사건들은 서로 관련이 없기 때문에, 당신이 가장 마음에 드는 것부터 시작할 수 있습니다. 가장 마음에 끌리는 범죄 현장을 골라 조사를 시작하세요. 일단 시작했으면, 굳이 구체적인 순서에 따라 조사할 필요는 없습니다. 자유롭게 사건 현장을 관찰하고 탐정 여러분의 생각대로 분석해보세요.

2. 범인을 쫓아라

술을 마시고 쓰러진 젊은 인플루언서, 요양원에서 자살한 것으로 추정되는 노인, 눈 덮인 산에서 일어난 추락사고, 비행기 안에서 연달아 발생한 사망 사건… 각각의 사건마다 다른 상황이 제시됩니다. 어떤 사건은 자살이나 사고로 보이기도 합니다. 하지만 여러분은 탐정으로서 오직 하나만을 생각합니다.

바로 이 사건 현장에서 무슨 일이 일어났는지 알아내고 범인을 찾아내는 것, 그것이 바로 당신의 목적입니다. 이를 위해 사건을 해결하는 데 걸린 시간과 당신이 찾은 범인의 이름, 그 증거, 살해 동기를 먼저 기록한 후에 사건의 진실을 확인하세요

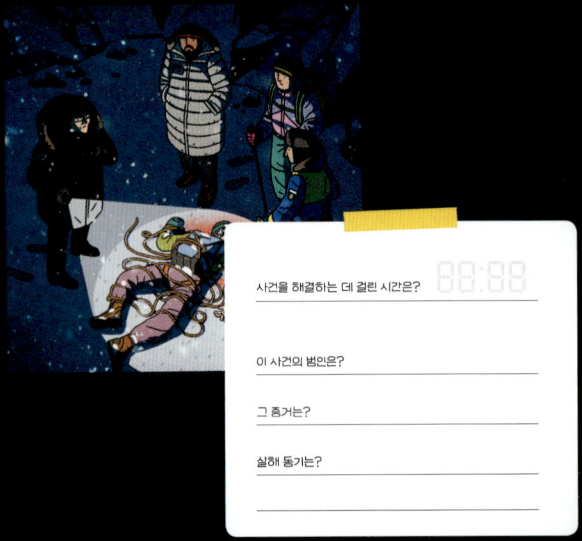

사건을 해결하는 데 걸린 시간은?
88:88
이 사건의 범인은?
그 증거는?
살해 동기는?

3. 단서를 조사하라

각 사건 현장에는 눈여겨봐야 할 단서에 말풍선이 달려 있습니다. 사건을 해결하기 위해 자세하게 조사해야 하는 물건들, 가령 여행 가방이나 그림, 노트나 수첩 같은 것들을 관찰할 수 있는 페이지를 알려줍니다. 이러한 단서들은 미스터리를 해결하는 중요한 열쇠가 될 거예요.

4. 스마트폰을 활용하라

훌륭한 탐정으로서 당신은 머리에 떠오르는 모든 도구들을 이용해야 합니다. 특히 스마트폰의 역할이 중요합니다. 이상한 점이 있다면 검색 기능과 번역기 등 모든 것을 이용하세요. 어떤 단서들은 인터넷에 있습니다. 인터넷 연결이 안 되거나 번역이 필요한 경우에는 안내한 페이지로 조심스럽게 가서 확인하세요.

5. 메모하라

각 사건마다 수수께끼를 해결하기 위해 적어두어야 할 암호, 문자, 숫자, 이름 등이 나옵니다. 복잡한 트릭 속에서 메모는 필수입니다. 사건을 원활하게 풀어나가기 위해 간단히 메모할 수 있는 펜과 종이를 준비해주세요.

6. 동료와 함께하라

셜록 홈스에게 왓슨 박사가 필요한 것처럼, 당신도 동료가 필요할 수 있습니다. 친구나 가족과 힘을 합쳐 사건을 파헤쳐 나가면, 훨씬 더 많은 단서를 찾을 수 있고, 더 즐겁게 수사할 수 있습니다.

7. 사건의 실마리를 활용하라

아무리 훌륭한 탐정이라도 가끔 막힐 때가 있다는 사실을 알아야 합니다. 그래서 각 사건 현장마다 추가 단서로 사건의 실마리가 준비되어 있습니다. 갑자기 수사가 막혔을 때, 한 번에 추가 단서를 모두 읽으려고 하지는 마세요. 어쩌면 하나만 읽어도 수수께끼를 풀 수 있는 열쇠를 찾을지 모르니까요. 하지만 두 개, 아니면 전부 다 읽어야 할지도 모릅니다. 수수께끼를 풀고 사건을 해결하기 위해 몇 개의 추가 단서가 필요한지를 결정하는 것은 바로 당신입니다.

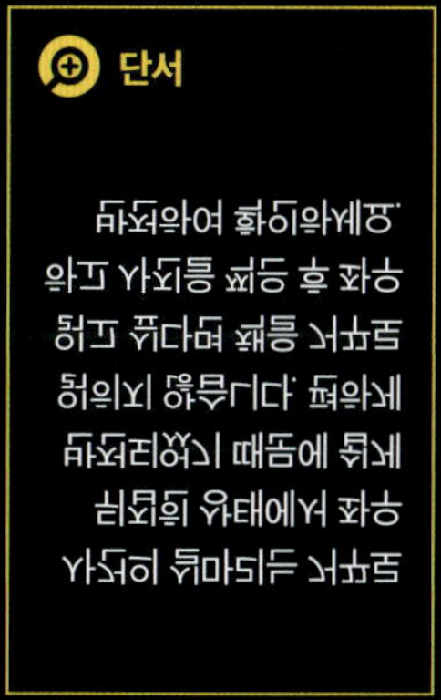

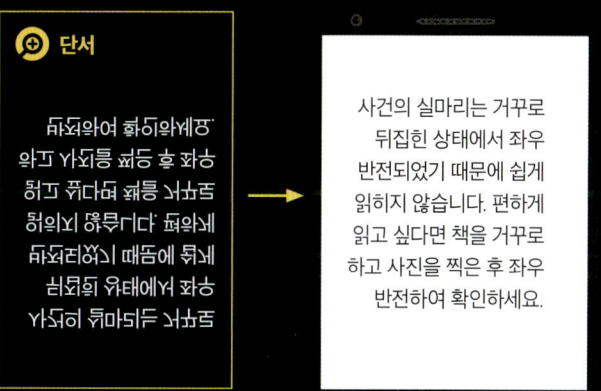

사건의 실마리는 거꾸로 뒤집힌 상태에서 좌우 반전되었기 때문에 쉽게 읽히지 않습니다. 편하게 읽고 싶다면 책을 거꾸로 하고 사진을 찍은 후 좌우 반전하여 확인하세요.

8. 연역적 사고를 하라

실제 범인을 쫓듯이 현장의 흔적 속에서 중요한 사실을 추려내고, 여러 요소를 결합하면서 수수께끼를 해결해 보세요.
사건 현장에서 아무리 사소해 보이는 것이라도 주의를 기울이고 모든 추론 능력을 사용해야만 서로 다른 단서들 사이에 필요한 연관성을 찾을 수 있습니다. 행운을 빕니다!

차례

각 사건 현장은 개별적인 사건입니다. 따라서 당신이 원하는 사건부터 해결해도 됩니다.
당신은 어떤 사건 현장으로 가겠습니까?

CASE 1
대낮의 뺑소니 사고
_012

CASE 2
쥐라기 살인 사건
_030

CASE 3
죽음을 불러온 술잔
_044

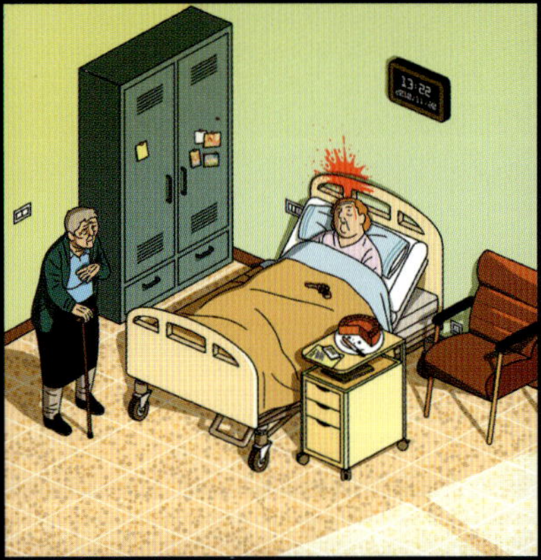

CASE 4
가계도의 빈칸
_056

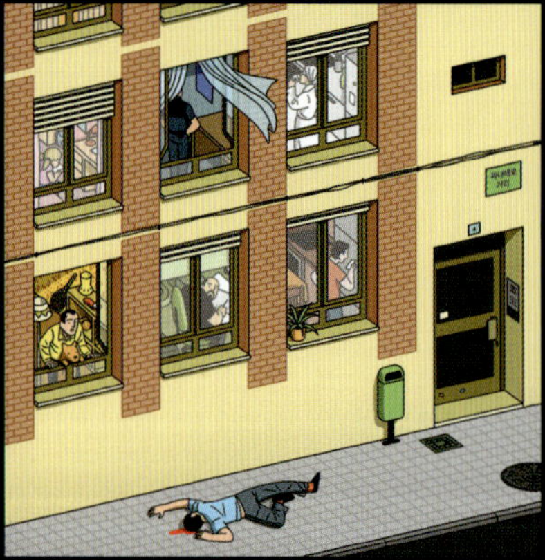

CASE 5
수상한 이웃
_072

CASE 6
핼러윈 파티에서 일어난 폭발
_088

CASE 7

잿더미 속의 비밀

_102

CASE 8

조난자의 유산

_120

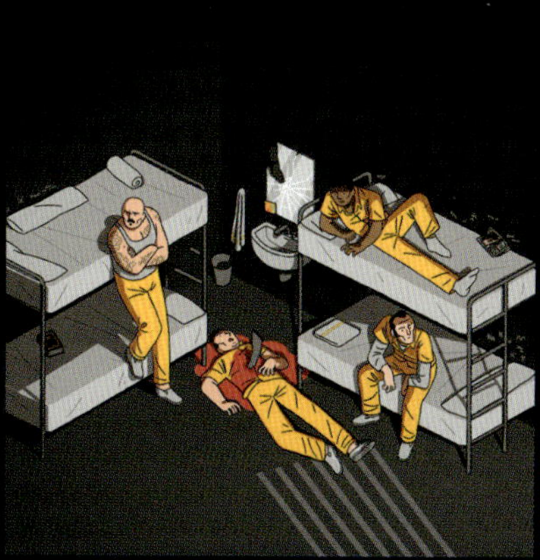

CASE 9

감옥 속 거짓말

_134

CASE 10

어둠 속에서 떨어진 진실

_148

CASE 11

드래그 퀸의 습격

_162

CASE 12

기내 살인 미스터리

_176

CASE **01**

대낮의 뺑소니 사고

조용한 주택가에서 갑자기 일어난 비극적인 사고에 주민들은 큰 충격을 받았습니다.
이웃 주민이 길을 건너다 뺑소니 차량에 치인 것이죠.

하지만 당신이 사건 현장에 도착한 순간, 어딘가 수상한 주민 네 명을 발견합니다.
그리고 이 사고가 단순한 사고가 아니라 계획된 살인일지도 모른다는 직감이 듭니다.
당신은 숨은 범인을 찾아내기 위해 주민 네 명을 불러 심문을 시작합니다.
과연 누가 거짓말을 하고 있을까요?

사건을 해결하는 데 걸린 시간은? 88:88

이 사건의 범인은?

그 증거는?

살해 동기는?

그와 대화하기 (20쪽)
그녀와 대화하기 (14쪽)
그녀와 대화하기 (18쪽)
그와 대화하기 (16쪽)

02/10
04/03
8/6
202
January
February
March
April
May
June
July
August
Septembe
October
November
December

파트리시아의 진술

그녀의 말을 주의 깊게 들으면 수사를 진전시킬
중요한 열쇠를 발견할 수 있을 것입니다.

어떻게 나를 의심할 수 있는지 도무지 이해가 안 가는군요. 나는 로시오를 여동생처럼 아꼈어요! 그녀는 내 가장 친한 친구였다고요….

뺑소니 사고에 대해서는 말씀드릴 게 별로 없어요. 사고 당시 나는 여기, 지하실에 있었어요. 나는 여기서 올리베라 씨 가족의 옷을 모두 세탁하고 널어 말린 다음, 다림질을 하거든요. 아무튼 여기 있는데, 그냥 '쿵' 하는 소리가 들렸어요. 별일 아닌 줄 알았죠. 나중에 위층을 청소하고 있는데, 갑자기 앰뷸런스 사이렌 소리가 들리더군요. 그래서 무슨 일인지 보러 나갔어요.

지금 올리베라 씨 가족은 이 도시에 없어요. 자선 행사를 마치고 돌아왔다가, 어딘가로 떠난 상태예요. 그런데 거기서 누구하고 싸웠는지 남자아이의 셔츠에 소스가 묻어 얼룩이 졌더라고요. 오자마자 옷을 벗겨 세탁기에 넣었죠. 사실 그 틈을 이용해 오랫동안 입지 않아 먼지가 쌓인 셔츠들도 같이 세탁했어요. 부인이 예전부터 기부하고 싶어 했던 옷들이라서요. 아직 축축하지만, 마르는 대로 가져다줄 생각이에요.

그런데요… 누구의 소행인지는 모르겠지만, 한 가지는 말씀드려야겠어요. 로시오와 가브리엘이 잠자리를 가졌다는 걸 아셔야 돼요. 그리고 로시오가 그 사실을 폭로하겠다고 협박했던 모양이더라고요. 그렇다면 로시오의 죽음으로 가장 이득을 본 사람은 가브리엘이잖아요. 안 그래요? 그러니 그를 조사해 보세요.

루카스의 진술
그의 말을 주의 깊게 들으면 수사를 진전시킬
중요한 열쇠를 발견할 수 있을 것입니다.

나는 평소 집에 있는 시간이 거의 없어요. 그런데 하필 사고가 난 순간에 여기 있었네요. 게다가 용의자로 몰리기까지 하다니, 정말 억울합니다!

나는 대부분 회사에서 시간을 보내요. 아침 7시에 일어나면 바로 회사로 출근합니다. 비가 오는 날에는 하루 종일 집에서 일하고요. 주식 시장에서 일하는데, 이 업계 사람들은 하루 12시간씩 일주일 내내 일하죠. 그러다 보니 이웃들과 이야기를 나눌 시간조차 없어요. 물론 금요일과 주말, 그리고 공휴일에는 재택근무를 하지만, 대부분 사무실에 갇혀 지내는 것이 현실입니다. 나머지 시간에는 시내에서 시간을 보내죠. 비만 오지 않으면 회사로 출근합니다.

그리고 평소 음악을 크게 틀어놓고 일하는 편이라, 사고가 났을 때도 이상한 소리를 거의 못 들었어요. 그래서 별일 아니겠지 싶어, 밖을 내다보지도 않았죠.
그런데 잠시 후 앰뷸런스의 불빛이 비치는 게 보이더군요. 그제야 무슨 일이 일어났다는 것을 깨달았지만, 맹세컨대 나는 그 사고와 아무 관계도 없습니다!

마리아의 진술

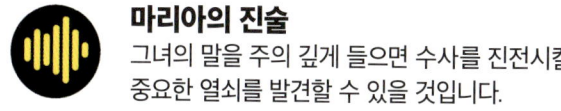

그녀의 말을 주의 깊게 들으면 수사를 진전시킬
중요한 열쇠를 발견할 수 있을 것입니다.

난 뺑소니 사고를 직접 봤다니까요! 사고 운전사는 아무도 못 봤을 거라고 생각했겠죠. 하지만 그때 나는 울타리 뒤에서 나무에 물을 주고 있었어요. 그래서 나를 못 본 거죠. 내가 있던 곳에서는 길이 훤히 보였지요. 그래서 범인을 봤다고 말씀드리는 거예요. 남자였어요. 얼굴은 정확히 못 봤지만, 분명히 남자였어요! 그리고 일부러 로시오를 친 게 확실해요. 그 순간 너무 겁이 났어요. 내 딸들이 할아버지와 함께 은행에 갔던 터라 그 사고를 못 본 게 얼마나 다행인지….

물론 얼마 전에 로시오와 좀 다투기는 했죠. 그래서 내가 의심받고 있다는 건 알지만, 그전에 맞은편 집의 루카스 씨를 조사해 보세요. 그 건방진 주식쟁이 말이에요. 한때 그는 로시오를 미친 듯이 쫓아다녔다니까요. 하지만 로시오는 그에게 관심이 전혀 없었죠. 그렇다면 그가 앙심을 품고 이런 짓을 저질렀을 수도 있지 않을까요?

그런데 시신은 언제 수습하나요? 당신의 동료한테 들었는데, 시신을 수습해야 할 경찰에게 무슨 문제가 생긴 모양이더군요. 하지만 이 동네에는 아이들도 있다고요. 저희 아이들이 저 시신을 보면 얼마나 무서워하겠어요? 더군다나 날씨가 더워서 곧 악취가 날 거예요.

가브리엘의 진술

그의 말을 주의 깊게 들으면 수사를 진전시킬
중요한 열쇠를 발견할 수 있을 것입니다.

내 아내 마리아가 의심받고 있다는 건 충분히 이해할 수 있어요.
내 아내가 쌀쌀맞고 성미가 급한 건 사실이지만, 그렇다고 그런 짓을 저지를 리는 없어요.
그날 로시오와 마리아가 싸운 건 그럴 만한 사정이 있었습니다. 그날 우린 아프리카의
가난한 나라, 말리 사람들을 돕기 위한 행사를 열었어요.
우리 동네에서는 다른 나라를 돕기 위해 기금 모금 행사를 자주 열거든요.

마리아는 한동안 로시오가 나를 유혹했다고 의심했는데, 마침 그날 폭발하고 만 거죠.
아내는 로시오가 자기 남편을 빼앗으려 한다고 비난을 퍼붓다 결국 몸싸움까지 벌어졌어요.
그러다 올리베라 씨 아들에게 카나페 접시를 엎어버리고 말았어요.
정말 난처했죠.

내 생각으로는 올리베라 씨 집에서 일하는 파트리시아를 조사해 보는 게 좋을 것 같아요.
사실 그녀는 좀 다른 의미에서 로시오에게 집착하고 있었어요. 항상 로시오처럼 되고
싶어 했고, 그녀의 가장 친한 친구가 되기를 바랐죠. 심지어는 로시오와 똑같은 스타일로
머리까지 하더라고요! 솔직히 그녀는 제정신이 아니예요. 만약 이번 사건의 범인을 꼽으라고
한다면, 나는 주저 없이 그녀를 지목할 겁니다.

사건의 실마리

이 사건을 해결하기 위해 굳이 여기 나온 단서를 읽을 필요는 없습니다. 하지만 당신의 추리가 미궁에 빠져 있다면, 아래의 단서가 도움이 될 것입니다. 그렇지만 한꺼번에 다 읽으려고 하지는 마세요. 어쩌면 하나의 단서만으로도 수수께끼를 풀 수 있는 열쇠를 찾을지 모르니까요. 그럼 행운을 빌어요!

단서 1

주민 중 한 명은 공휴일, 주말, 비 오는 날에 한해 재택근무를 한다고 합니다. 따라서 오늘이 이 네 가지 날 중 어떤 경우에 해당하는지 알아내야 하겠죠. 이를 통해 거짓말을 한 범인을 찾아낼 수 있을 거예요.

단서 2

다른 주민의 진술에 따르면, 그들은 최근 아프리카의 말리를 위한 기금 모금 행사를 개최했다고 합니다. 인터넷에서 그 나라의 국기가 어떻게 생겼는지 찾아보고, 어느 티셔츠에 그 국기가 있는지 확인해 보세요. 이와 더불어 뒤에 걸린 달력을 보면 그 행사가 열린 날짜를 알 수 있을 거예요. 그리고 한 가지 더! 티셔츠가 아직 축축하다고 하네요. 이건 무슨 의미일까요?

단서 3

어떤 주민의 딸들이 은행에 갔다는 진술에서도 중요한 정보를 얻을 수 있어요. 그렇다면 그날은 공휴일도, 주말도 아니었다는 얘기죠. 지금까지 모은 단서를 종합한다면 거짓말을 하는 범인을 잡아낼 수 있습니다.

사건 해결

사건 현장을 자세히 살펴보고, 사건이 어떻게 일어났는지 알아봅시다.

… 한때 그는 로시오를 미친 듯이 쫓아다녔다니까요. 하지만 로시오는 그에게 관심이 전혀 없었죠. 그렇다면 그가 앙심을 품고 이런 짓을 저질렀을 수도 있지 않을까요?

1 용의자들은 모두 서로를 의심하고 비난하고 있어요. 하지만 이를 통해 범행의 다양한 동기를 알 수 있죠. 마리아에 따르면, 루카스가 피해자를 죽자사자 쫓아 다녔다고 하네요.

… 그녀는 좀 다른 의미에서 로시오에게 집착하고 있었어요. 항상 로시오처럼 되고 싶어 했고, 그녀의 가장 친한 친구가 되기를 바랐죠. … 솔직히 그녀는 제정신이 아니에요.

2 마리아의 남편인 가브리엘에 따르면, 가정부 파트리시아는 피해자에게 집착하고 있었다고 합니다. 그녀처럼 되고 싶어 했고, 심지어 머리 스타일까지 따라 했다고요.

… 로시오와 가브리엘이 잠자리를 가졌다는 걸 아셔야 돼요. 그리고 로시오가 그 사실을 폭로하겠다고 협박했던 모양이더라고요. 그렇다면 로시오의 죽음으로 가장 이득을 본 사람은 가브리엘이잖아요. 안 그래요?

3 파트리시아에 따르면, 범인은 가브리엘이 분명하다고 하는군요. 그와 로시오가 잠자리를 가졌는데, 이제 와서 그녀가 그 사실을 폭로하겠다고 협박했으니까요.

… 마리아는 한동안 로시오가 나를 유혹했다고 의심했는데, 마침 그날 폭발하고 만 거죠. … 결국 몸싸움까지 벌어졌어요.

4 그런데 가브리엘에 따르면, 피해자와 가장 사이가 안 좋았던 사람은 바로 그의 아내 마리아 입니다. 그리고 최근 들어 그녀는 로시오가 자기 남편을 빼앗으려 한다고 공공연하게 비난했죠.

… 물론 금요일과 주말, 그리고 공휴일에는 재택근무를 하지만, … 나머지 시간에는 시내에서 시간을 보내죠. 비만 오지 않으면 회사로 출근합니다.
? 공휴일
? 주말
? 금요일
? 비오는 날

5 먼저 루카스의 진술에 주목해보세요. 그는 금요일, 주말, 공휴일 또는 비오는 날에만 재택근무를 한다고 했죠. 그러면 사건이 벌어진 날은 이 네 가지 날 중 어떤 경우에 해당할까요?

6 우선 오늘이 공휴일이나 주말이 아니라는 것을 확인할 수 있습니다. 사고가 났을 당시 자기 딸들이 은행에 있었다는 마리아의 진술을 통해 이를 쉽게 확인할 수 있어요.

7 오늘이 금요일인지 알려면 가브리엘이 말한 자선 행사에 주목해야 해요.

8 이 자선 행사는 아프리카의 말리 시민들을 돕기 위해 개최한 것이었죠. 구글에서 검색하면 이 나라의 국기가 어떻게 생겼는지 쉽게 알 수 있어요.

9 빨랫줄에 널린 옷에서 말리는 물론, 이와 비슷한 다른 국기도 볼 수 있을 거예요. 하지만 많은 티셔츠가 거꾸로, 혹은 옆으로 걸려 있기 때문에, 하나만 말리의 국기라는 점에 유의해야 합니다.

10 이제 티셔츠가 거꾸로 걸려 있다는 것을 알았으니까, 인쇄된 날짜도 거꾸로 읽으면 되겠죠. 셔츠에 있는 날짜가 8/6(즉, 8월 6일)인 것처럼 보이지만, 실제로는 9/8(9월 8일)입니다. 그날이 바로 자선 행사가 열린 날이었어요.

11 뒤에 있는 달력을 보면 9월 8일이 무슨 요일인지 확인할 수 있어요. 그날은 일요일이었습니다.

12 자선 행사가 끝나고 며칠이 지났을까요? 파트리시아의 진술을 보면, 이를 쉽게 추론할 수 있어요. 그녀는 행사가 끝난 직후(즉, 일요일)에 아이의 셔츠를 세탁기에 넣었다고 진술합니다.

사건 해결

13 하지만 파트리시아는 셔츠가 아직 축축하다고 하네요. 옷이 아직 마르지 않았다면, 금요일일 리가 없습니다. 게다가 그날 루카스가 재택근무를 했다면, 그건 비가 오고 있었기 때문이죠.

14 마리아는 날씨가 매우 더웠다고 합니다. 바닥이 더 이상 젖어 있지 않았던 것도 바로 그 때문일 거예요.

15 그런데 비가 왔다면 사고를 목격했을 때 나무에 물을 주고 있었다는 마리아의 진술은 앞뒤가 맞지 않습니다. 밖에 비가 오는데 왜 나무에 물을 주러 나갔을까요? 그녀는 거짓말을 하고 있습니다. 범인은 바로 마리아예요.

대낮의 뺑소니 사고

사건의 진실

마리아 호세는 언제나 강인한 여성이었지만, 최근에는 분노로 치를 떨고 있었다.
이웃인 로시오가 자기 남편 가브리엘을 유혹하고 있다고 확신했기 때문이었다.
가브리엘은 이웃이니까 친절하게 대해주었을 뿐이라고 항변했지만,
마리아는 로시오가 자기 남편을 빼앗으려 한다고 굳게 믿고 있었다.

몇 달 동안 점점 고조되던 긴장감은 아프리카의 말리 사람들을 돕기 위한 기금 모금 행사가 있던 어느 일요일,
결국 폭발하고 말았다. 로시오가 가브리엘과 또다시 시시덕거리는 모습을 본 마리아는 끓어오르는 분노를 참지 못하고,
사람들이 보는 앞에서 로시오에게 욕설을 퍼부으며 카나페 쟁반을 집어 던졌다.

다음 날, 여전히 분노에 휩싸여 있던 마리아는 로시오를 없애 버리고 지옥 같은 괴로움에서 완전히 벗어나고 싶은
욕망을 잠시도 떨쳐 버릴 수 없었다. 화요일에 비가 내리자 마리아는 거리가 한산한 데다 도로도 미끄러운 터라
마침내 계획을 실행에 옮길 절호의 기회가 왔음을 깨달았다.

차를 타고 동네를 천천히 돌며 완벽한 순간을 기다리던 그녀는 로시오가 길을 건너는 것을 보고 곧장 속도를 높여
그녀를 들이받은 후, 사건 현장을 빠져나갔다.

경찰이 현장에 도착하자, 마리아는 사고가 났을 때 집에서 울타리 뒤의 나무에 물을 주고 있었으며 차량 운전석에
남자가 있는 것을 봤다고 거짓말했다. 하지만 날카로운 탐정은 그녀의 실수를 눈치챘다. 아침 내내 비가 내리다
그쳤는데 그녀는 왜 나무에 물을 주러 나갔을까?
결국 동네 주민들이 놀란 표정으로 지켜보는 가운데 마리아는 체포되어 경찰서로 연행되었다.

CASE **02**

쥐라기 살인 사건

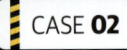

고생물학 박물관이 문을 닫은 깊은 밤, 청소부가 끔찍한 광경을 목격했습니다.
보안 직원이 트리케라톱스의 두개골 뼈에 꿰뚫린 채 끔찍하게 죽어 있었던 거죠.
공포에 질린 그녀는 곧장 경찰에 신고했고,
당신은 사건을 수사하기 위해 바로 현장으로 출동합니다.

처음에는 단순한 사고사를 의심했지만, 곧 박물관에서 중요한 유물이 도난당했다는 사실이 밝혀집니다. 살인과 절도, 두 개의 사건이 동시에 발생한 이 사건 현장에서 당신은 진실을 밝혀내고 범인을 찾아낼 수 있을까요?

사건을 해결하는 데 걸린 시간은? 88:88

이 사건의 범인은?

그 증거는?

살해 동기는?

무시무시한
티라노사우루스 렉스
스테고사우루스
외 초식 공룡
프테로닥틸루스
포스터를 살펴보기 (35쪽)
전시실에 들어가기 (32쪽)
쓰레기통을 확인하기 (34쪽)

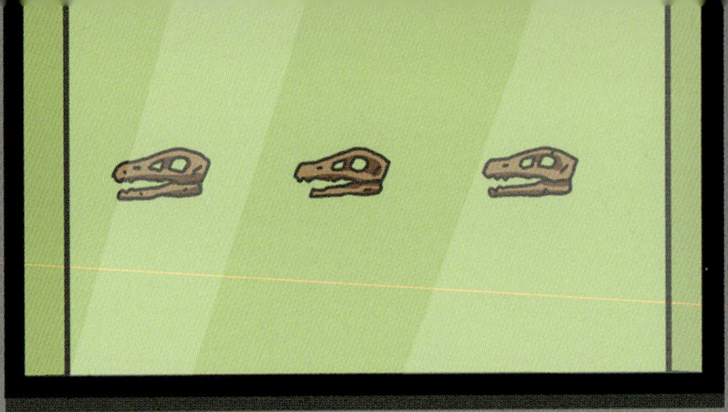

전시품 99482 자세한 내용은 안내서를 참고하세요.

박물관 직원들이 가장 사랑하는 공룡! 모든 직원이 입을 모아
최고의 공룡으로 꼽은 바로 그 전시품을 만나보세요.

전시품 72943 자세한 내용은 안내서를 참고하세요.

지구 최초의 공룡. 이 공룡은 약 1억 9000만 년에서 2억 2500만 년 전의
트라이아스기까지 거슬러 올라갑니다. 공룡의 기원과 진화를 직접 확인해 보세요!

전시품 22430 자세한 내용은 안내서를 참고하세요.

세계에서 가장 유명한 두개골 중 하나!
고생물학 역사에서 손꼽히는 이 두개골을 직접 관찰해 보세요.

전시품 00542 자세한 내용은 안내서를 참고하세요.

박물관의 가장 귀중한 보물!
세계에서 유일한 새로운 종의 두개골로,
아직 다른 곳에서 발견된 적이 없습니다.

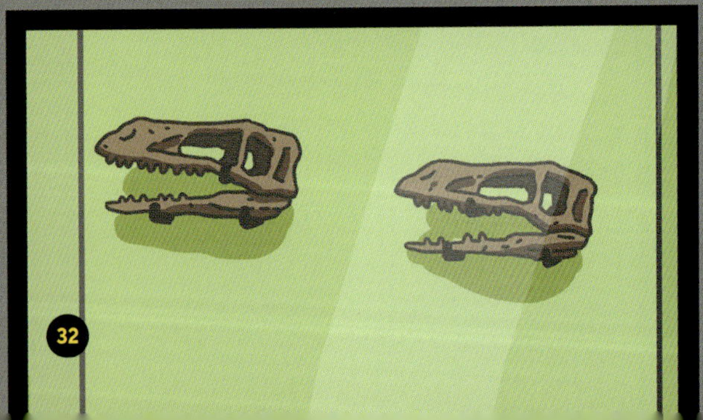

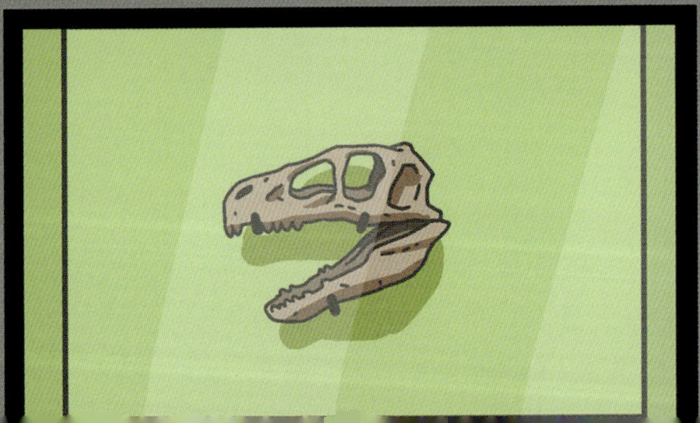

전시물: 캠프 유물 속에서 발견된 미스터리한 문서

이 문서는 전시된 탐험대 캠프 유물 사이에서 발견되었으며, 돌과 흙 속에 박힌 채 오랜 세월 땅속에 묻혀 있었습니다. 탐험대가 진행하던 발굴 작업 중 갑작스러운 산사태가 발생하여 캠프가 토사에 매몰되었고, 모든 대원이 사망하는 비극이 벌어졌습니다. 이 문서는 당시 타자기로 작성된 후 폐기 목적으로 갈기갈기 찢어진 것으로 보이며, 아직 원본은 발견되지 않았습니다.

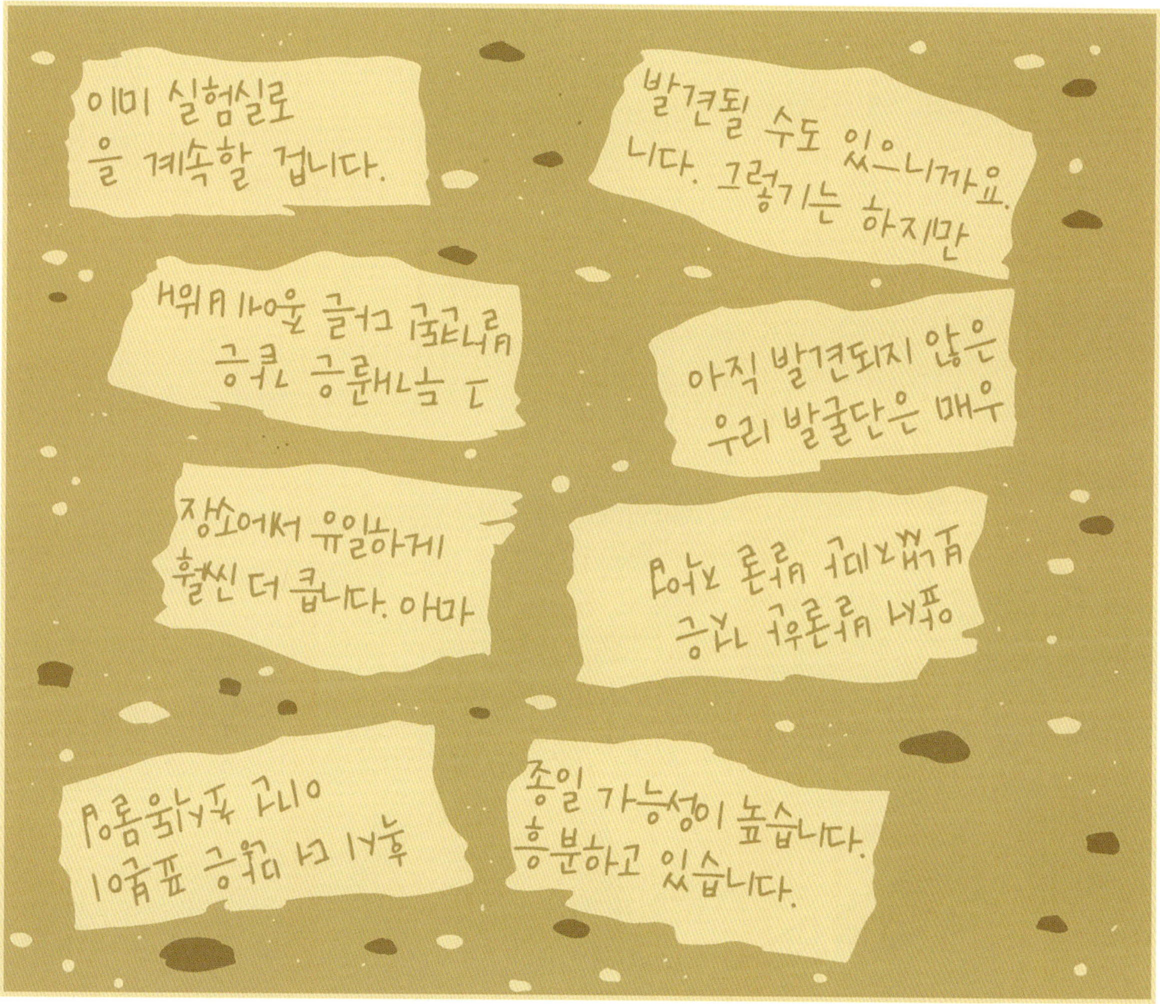

유의할 점

전시된 종잇조각들은 오랜 세월 동안 훼손되어 퍼즐 조각처럼 정확히 맞아떨어지지 않습니다.
하지만 찢어지기 전의 원래 순서대로 조각을 배열하면, 이 문서에 숨겨진 내용이 밝혀질 수 있습니다.
한번 도전해 보겠습니까?

고생물학 박물관
직원 카드
라파엘 페레스
청소 담당
직원 전용 웹사이트:
jbooks.joins.com/employees
로그인 안내:
-비밀번호는 각 직원이 가장 좋아하는 두 공룡의 이름으로 설정되어 있습니다.
-소문자로 입력해야 하며, 공백 없이 이어서 입력하세요.
한정판 기념품으로 박물관의 추억을 간직하세요
REX

URL 접속하기

사건 해결에 도움이 되는 새로운 정보를 얻으려면 직원 전용 웹페이지에 접속해 보세요. 인터넷 연결이 안 되면 191쪽을 확인하세요.

1921년, 일군의 탐험가들이 미국 전역을 돌아다니며 고생물학 역사상 가장 중요한 발견을 해냈습니다. 이 전시실은 그들이 이루어낸 발굴 성과가 전시되어 있는 공간입니다.

유의할 점!

여기 그림에 있는 공룡의 크기는 실제 크기에 비례하지 않습니다. 공룡의 크기는 서로 다릅니다.

예를 들어, 이 공룡의 두개골은 10~20센티미터에 불과합니다.

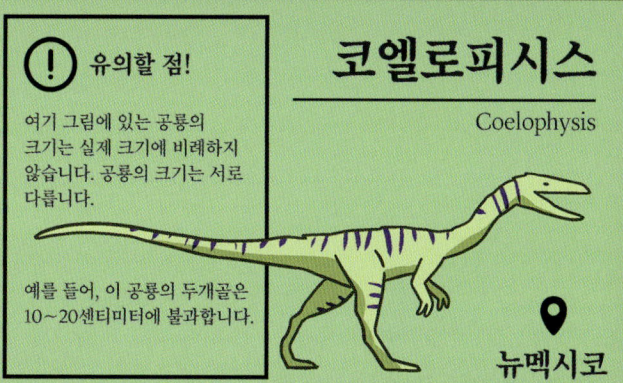

코엘로피시스

Coelophysis

뉴멕시코

유타랍토르

Utahraptor

유타

헤스페로니쿠스

Hesperonychus

몬태나

드라코렉스

Dracorex

아이오와

딜로포사우루스

Dilophosaurus

애리조나

사건의 실마리

이 사건을 해결하기 위해 굳이 여기 나온 단서를 읽을 필요는 없습니다. 하지만 당신의 추리가 미궁에 빠져 있다면, 아래의 단서가 도움이 될 것입니다. 그렇지만 한꺼번에 다 읽으려고 하지는 마세요. 어쩌면 하나의 단서만으로도 수수께끼를 풀 수 있는 열쇠를 찾을지 모르니까요. 그럼 행운을 빌어요!

단서 1

도난당한 전시품의 크기는 이 사건을 해결할 수 있는 중요한 열쇠예요. 우선 매몰된 캠프에서 발견된 문서를 잘 살펴보면 같은 곳에서 발견된 다른 두개골과 비교해서 그 크기를 가늠할 수 있을 겁니다. 그리고 지도가 어느 지역에 해당하는지 확인하면 그곳에서 또 어떤 공룡이 발견되었는지 알 수 있을 거예요.

단서 2

직원용 웹사이트에 접속하기 위해서는 각 직원이 가장 좋아하는 두 공룡의 이름으로 이루어진 비밀번호를 입력해야 합니다. 피해자의 허리춤에서 살짝 보이는 속옷을 잘 관찰하면 그가 가장 좋아하는 공룡 중 하나가 무엇인지 추측할 수 있어요. 박물관 전단지에도 같은 속옷이 나와 있죠. 그 속옷이 기념품 가게에 판매하는 상품이기 때문입니다. 거기에 어떤 공룡이 그려져 있는지 확인할 수 있을 거예요. 또한 박물관 안내판에서도 이 공룡의 이름을 찾을 수 있습니다.

단서 3

사건을 해결하려면 박물관의 여러 구역에 대한 각 직원의 출입 인가 여부를 반드시 파악해야 합니다.
진열장에서 귀중한 공룡 두개골을 꺼낼 수 있는 직원은 단 한 명뿐이에요.

사건 해결

사건 현장을 자세히 살펴보고, 사건이 어떻게 일어났는지 알아봅시다.

1 박물관 내 각 전시실 문에는 직원 카드를 통한 출입 통제 시스템이 설치되어 있다는 점을 주목해야 합니다.

고생물학 박물관
라파엘
페레스
청소 담당

2 청소 담당 직원처럼 보통은 이 카드키를 목에 걸고 있어야 해요. 피해자의 목에 카드키가 없는 걸 보면, 도난당한 모양입니다. 어쩌면 카드키를 훔치기 위해 그를 살해했을 수도 있겠네요.

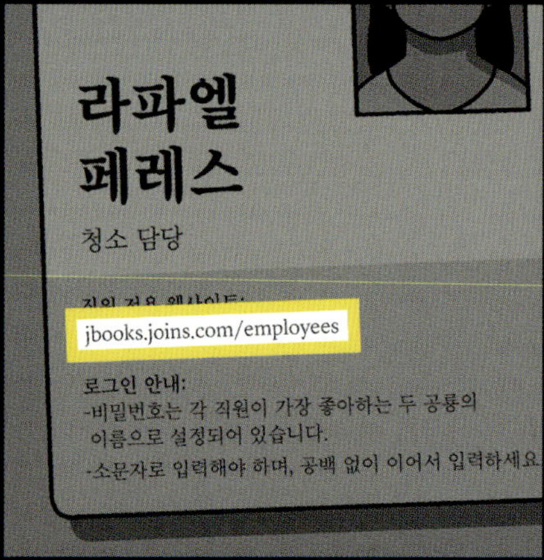
라파엘
페레스
청소 담당
jbooks.joins.com/employees
로그인 안내:
-비밀번호는 각 직원이 가장 좋아하는 두 공룡의 이름으로 설정되어 있습니다.
-소문자로 입력해야 하며, 공백 없이 이어서 입력하세요.

3 청소 담당 직원의 카드키를 자세히 살펴보면, 직원 전용 웹페이지로 연결되는 URL을 발견할 수 있어요.

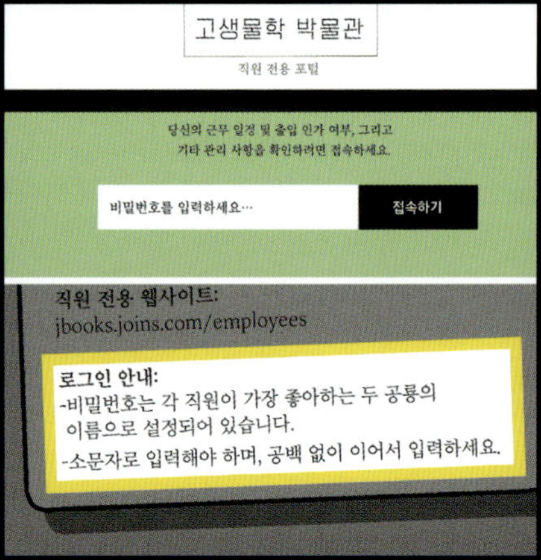
고생물학 박물관
직원 전용 포털
당신의 근무 일정 및 출입 인가 여부, 그리고 기타 관리 사항을 확인하려면 접속하세요.
비밀번호를 입력하세요···
접속하기
직원 전용 웹사이트:
jbooks.joins.com/employees
로그인 안내:
-비밀번호는 각 직원이 가장 좋아하는 두 공룡의 이름으로 설정되어 있습니다.
-소문자로 입력해야 하며, 공백 없이 이어서 입력하세요.

4 이 웹사이트에 접속하려면 비밀번호를 입력해야 합니다. 로그인 안내를 보면 비밀번호는 각 직원이 가장 좋아하는 두 공룡의 이름으로 이루어지는데, 소문자로 공백 없이 입력해야 한다고 나와 있네요.

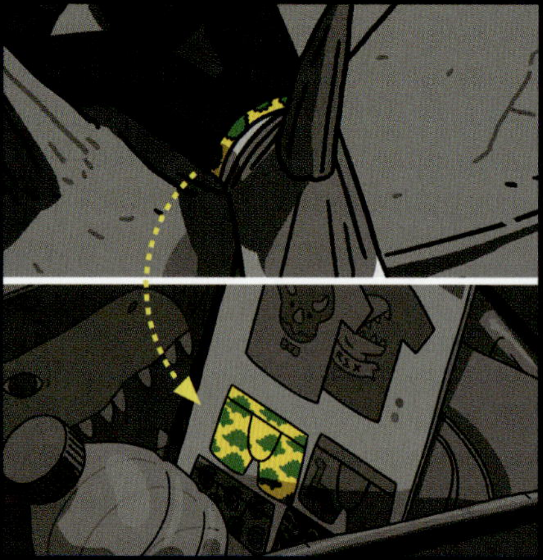

5 피해자의 허리춤으로 삐져나온 속옷을 확인해 보면, 피해자가 가장 좋아하는 공룡 중 하나를 알아낼 수 있어요. 쓰레기통에 있는 전단지에 이 팬티가 나와 있군요. 박물관 기념품 가게에서 이 팬티를 판매하고 있다는 사실을 알 수 있어요.

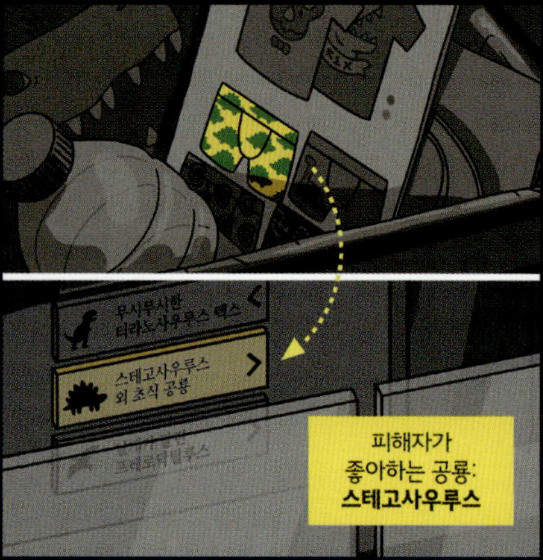
무시무시한 티라노사우루스 렉스
스테고사우루스 외 초식 공룡
피해자가 좋아하는 공룡: **스테고사우루스**

6 전단지에 나오는 팬티에 어떤 공룡이 그려져 있는지 확인해 보세요. 안내판에 나오는 것과 똑같은 공룡이군요. 네, 맞아요. 스테고사우루스예요.

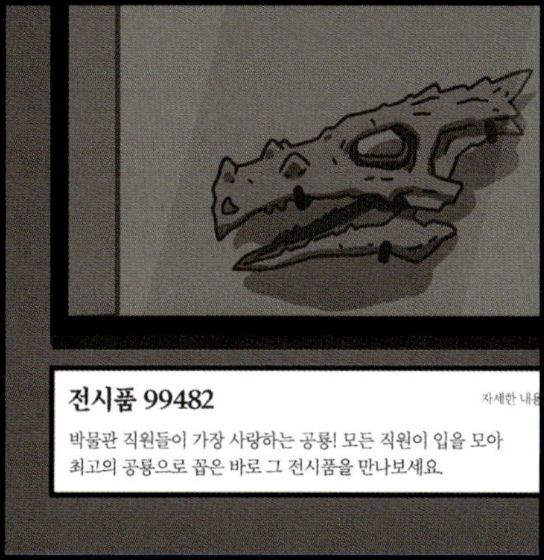

전시품 99482
박물관 직원들이 가장 사랑하는 공룡! 모든 직원이 입을 모아 최고의 공룡으로 꼽은 바로 그 전시품을 만나보세요.

7 피해자가 좋아하는 또 하나의 공룡은 진열장에서 찾을 수 있어요. 전시품 아래의 소개글에 따르면 모든 직원들이 가장 좋아하는 공룡으로 이것을 꼽는다는군요!

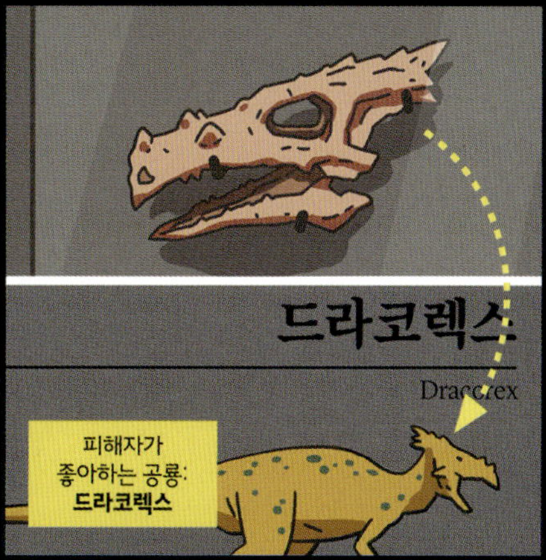

8 두개골의 형태가 아주 특이하기 때문에 포스터에서 어렵지 않게 찾을 수 있어요. 네, 그건 드라코렉스예요.

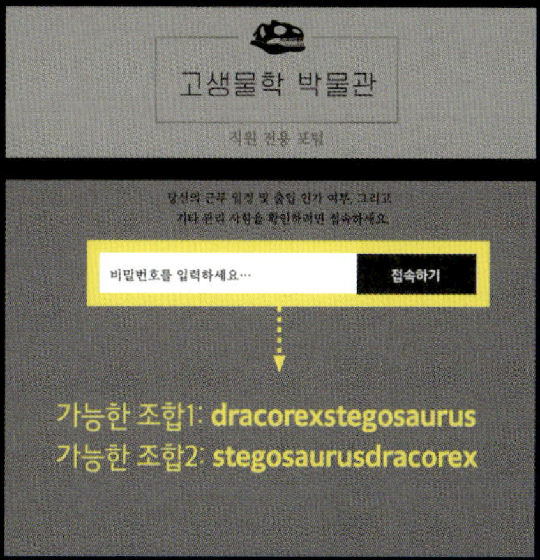

9 따라서 비밀번호는 'dracorexstegosaurus' 또는 'stegosaurusdracorex', 둘 중 하나일 수밖에 없습니다.

10 직원 포털에 접속한 다음, 박물관에서 일하는 직원들의 프로필을 분석해 보세요. 각 직원의 프로필에는 박물관의 여러 구역에 대한 출입 권한이 명시되어 있습니다.

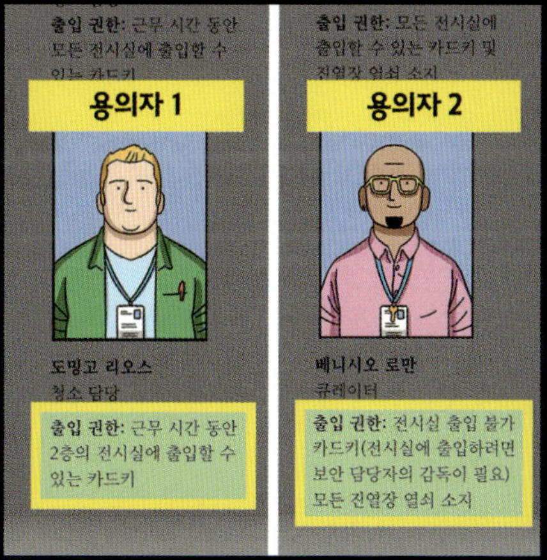

11 대부분의 직원은 모든 전시실에 출입할 수 있어요. 그렇다면 용의자는 1층에 출입할 수 없는 청소 담당자와 어떤 전시실도 출입할 수 없는 카드키를 가진 큐레이터, 단 두 명뿐입니다. 둘 중 누가 범인일까요?

?
전시품 00542
박물관의 가장 귀중한 보물!
세계에서 유일한 새로운 종의 두개골로, 아직 다른 곳에서 발견된 적이 없습니다.
발견 지역

12 이제 어떤 전시품이 도난당했는지 확인해야 합니다. 아래 소개글에 따르면 그 전시품은 돈으로 환산할 수 없는 가치를 지니고 있다고 하네요. 따라서 범죄의 동기는 분명합니다. 누군가 이 귀중한 전시품을 팔아서 이익을 얻고자 했던 거죠.

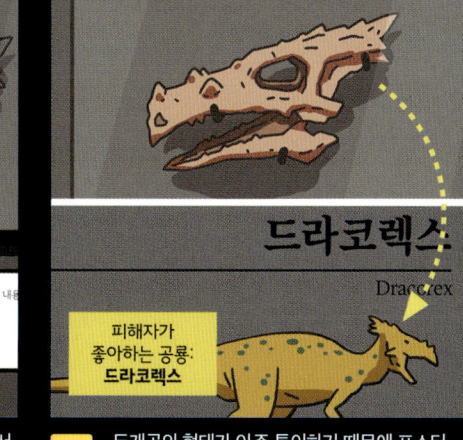

사건 해결

13 안타깝게도 모퉁이의 화분에 가려 공룡 하나가 보이지 않는군요. 아마 그 공룡의 두개골이 도난 당한 것 같습니다. 하지만 또 다른 단서가 남아 있습니다.

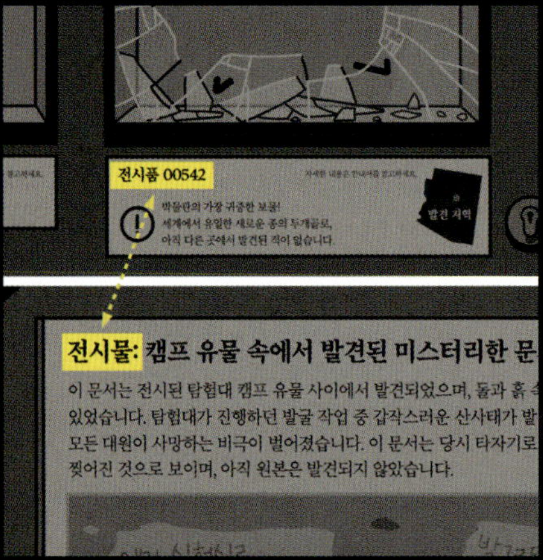

14 진열장 바로 옆 벽에 붙어 있는 안내문에 도난 당한 전시품에 대한 언급이 나옵니다.

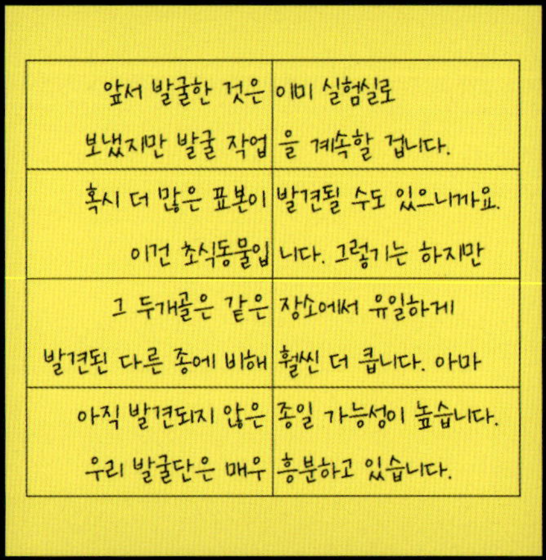

15 종잇조각을 찢어지기 전의 원래 순서대로 배열하면, 도난당한 두개골이 '같은 장소에서 유일하게 발견된 다른 종'의 두개골보다 훨씬 크다는 것을 알 수 있어요.

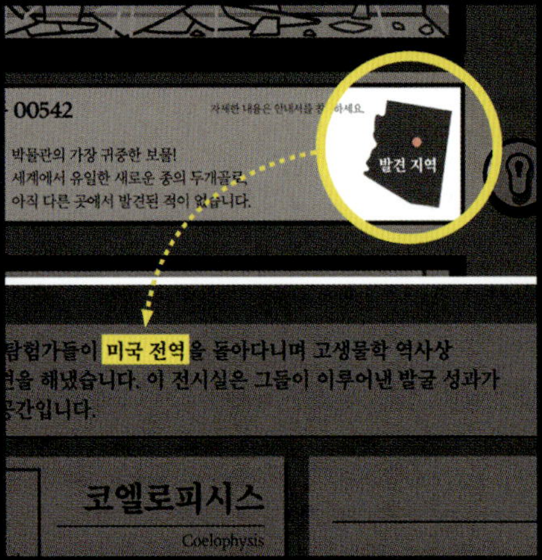

16 여기서 우리가 확인할 수 있는 건 진열장에 있는 지도밖에 없어요. 이 화석들이 모두 미국에서 발견되었다는 것은 알고 있지만, 이건 어느 주의 지도일까요?

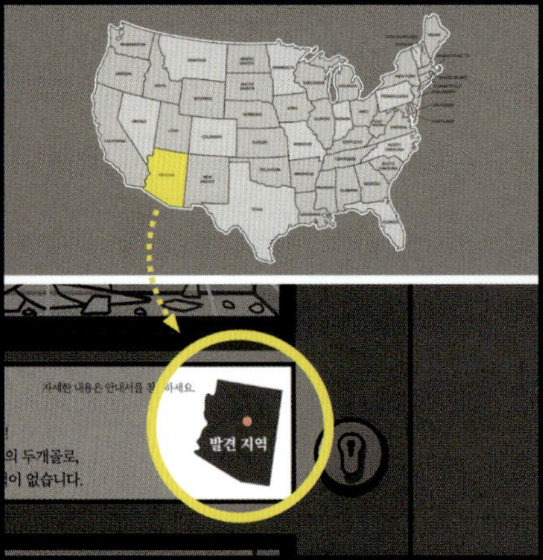

17 그곳이 어느 주인지 알려면 미국 지도를 참고해야 합니다. 거기는 애리조나(Arizona)입니다.

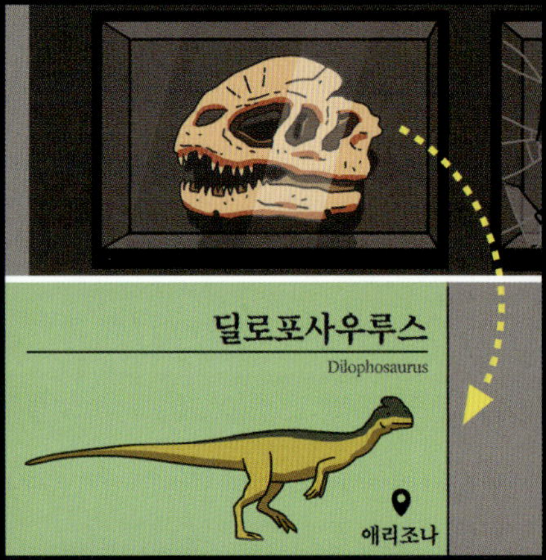

18 애리조나에서 발견된 다른 공룡은 딜로포사우루스였네요. 이 공룡의 두개골은 모양이 아주 독특해서 진열장에서 쉽게 알아볼 수 있습니다.

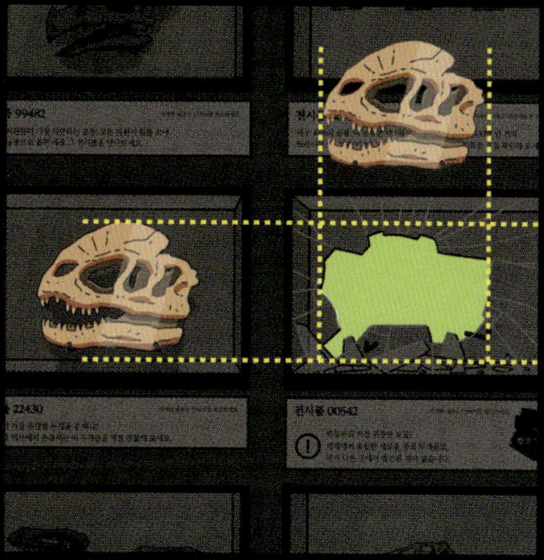

19 발굴된 문서에 따르면 도난된 전시품은 딜로포사우루스의 두개골보다 더 컸다고 합니다.그런데 이 말에는 모순이 있어요. 그렇게 큰 두개골을 어떻게 그보다 작은 구멍에서 꺼낼 수 있었을까요?

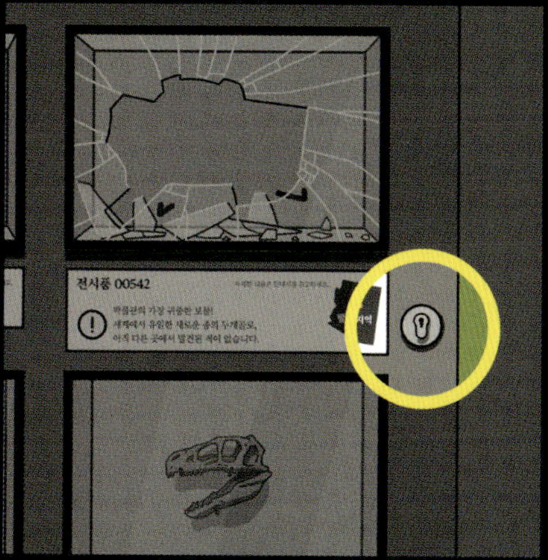

20 그건 불가능해요. 그렇다면 누군가 열쇠를 이용해 진열장을 열고 전시품을 꺼낸 다음, 이를 위장하기 위해 일부러 유리창을 깨뜨렸다고 추리할 수 있습니다.

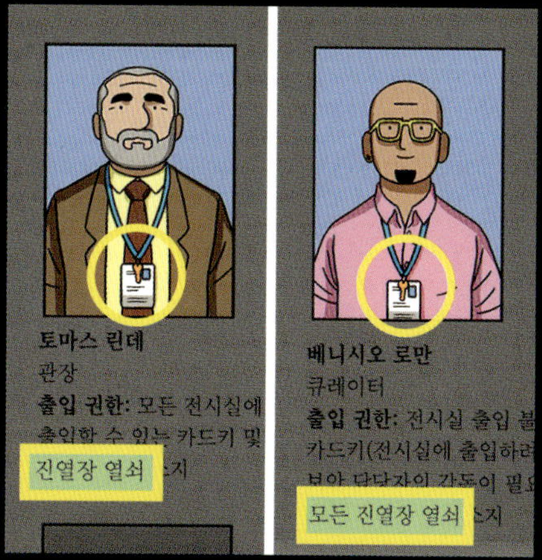

21 다시 직원 포털에 접속해 누가 진열장 열쇠를 가지고 있는지 확인한 결과, 박물관 관장과 큐레이터만 열쇠를 가지고 있다는 사실을 발견했어요.

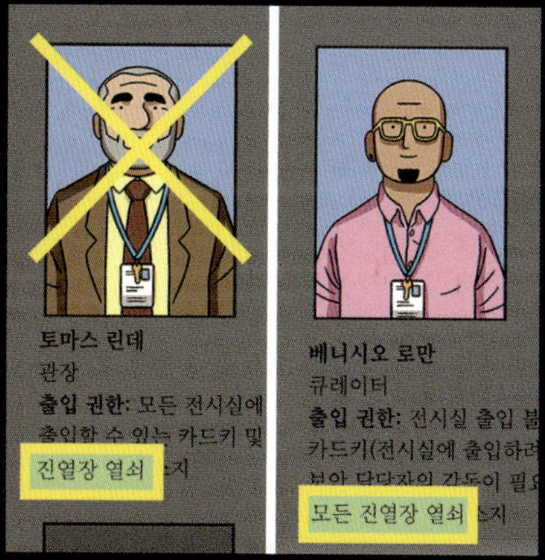

22 하지만 관장은 출입 카드키를 가지고 있었기 때문에 도난 사건이 발생한 전시실에 들어가려고 보안 담당 직원을 죽일 필요가 없었어요. 반면 큐레이터는 카드키를 훔쳐야만 해당 전시실에 들어갈 수 있었죠.

취라기 살인 사건

사건의 진실

베니시오 로만은 도시에서 손꼽히는 고생물학 박물관의 큐레이터였다.
그는 방대한 공룡 화석 컬렉션을 보유한 것으로 유명한 박물관에서 전시된 공룡 화석을 선별하고,
보존하는 일을 맡고 있었다. 그렇기 때문에 그는 고생물학 역사상 가장 가치 있는 화석 중 하나가
박물관에 전시되어 있다는 사실을 누구보다 잘 알고 있었다. 그 화석은 애리조나에서 발견된 독특한 형태의 두개골로,
수집가들 사이에서 어마어마한 가치를 인정받고 있었다. 그만큼 암시장에서는 상상을 초월하는 거액을 받을 수도 있었다.
진열장에 접근할 수 있는 몇 안 되는 직원 중 하나였던 베니시오는 점점 그 엄청난 가치의 화석을 훔쳐
인생 역전의 꿈을 꾸게 되었다.

그러나 결정적인 문제가 있었다. 그에게는 모든 전시실을 자유롭게 드나들 수 있는 카드키가 없었다.
그렇다면 다른 직원의 도움을 받거나 박물관이 일반인에게 개방되는 날을 이용하는 수밖에 없었다.
하지만 위험 부담이 너무 컸기에 그는 더 조용하고 완벽한 계획을 원했다.
유난히 경제적으로 궁지에 몰렸던 어느 날, 베니시오는 결국 오랫동안 고심한 계획을 실행하기로 결심했다.
박물관이 문을 닫고 직원들이 대부분 퇴근한 깊은 밤, 그는 근무 중인 보안 담당 직원에게 다가가
2층에 문제가 생긴 것 같다고 말했다. 보안 직원은 동료였던 그를 의심 없이 따라나섰다.

베니시오는 2층의 트리케라톱스 두개골이 내려다보이는 곳에서 걸음을 멈추었다. 따라온 직원이 주변을 살피는 순간,
베니시오는 그 직원의 카드키를 낚아채고 전력을 다해 그를 밀어버렸다.
순식간에 균형을 잃은 보안 직원은 그대로 추락했고, 거대한 공룡 화석의 뿔 위에 꽂혀 즉사했다.

베니시오는 서둘러 아래층의 전시실로 뛰어 내려갔다.
그리고 자신의 열쇠로 진열장을 열고 조심스럽게 문제의 화석을 꺼냈다.
그러고는 팔꿈치로 진열장의 유리를 깨뜨렸다. 그렇게 하면 도난이 아니라 단순한 강도 사건처럼 보일 것이라 생각한 것이다.
그러나 그는 결정적인 모순을 눈치채지 못했다. 깨진 유리의 구멍이 화석을 꺼내기엔 너무 작았던 것이다.
결국 탐정은 날카로운 추리력으로 그가 범인임을 밝혀냈고, 그의 화려한 범죄 계획은 실패로 끝나고 말았다.

무시무시한
티라노사우루스 렉스
스테고사우루스
외 초식 공룡
프테로닥틸루스

CASE **03**

죽음을 불러온 술잔

마드리드 중심부의 한 아늑한 바에서 인플루언서들을 위한 특별한 파티가 열렸습니다.
분위기가 점점 무르익어갈 무렵, 한 초대 손님이 갑자기 비틀거리더니 의식을 잃고 쓰러졌어요.
곧이어 그녀가 사망하면서 화려한 파티는 순식간에 끔찍한 비극의 현장으로 변하고 말았지요.

그런데 당신이 현장에 도착하자마자 수상한 단서들이 눈에 띄기 시작합니다.
사실 이 행사는 스파이 영화의 개봉을 기념하는 특별 이벤트였어요.
그런데 아이러니하게도, 현실에서 진짜 살인이 벌어진 것이죠.
이 죽음에는 어떤 음모가 있는 걸까요?
현장에 있는 용의자들의 소지품을 조사해 진실을 밝혀내세요.

사건을 해결하는 데 걸린 시간은? 88:88

이 사건의 범인은?

그 증거는?

살해 동기는?

* 이 사건은 유니버설의 영화 〈아가일〉의 세계관을 바탕으로 각색한 것입니다.

노트북을 조사하기 (48쪽)
휴대전화를 조사하기 (47쪽)
핸드백을 조사하기 (46쪽)

20:30 인플루언서 행사
22:45 영화 시사회
21:25
메시지
2시간 전
마리아
인플루언서 사이에 스파이가 있다는 얘기, 완전 말도
안 되는 음모론이야. 나 얼마 전에 누가 이거랑 관련된
링크를 보내줬거든? 그래서 혹시나 하고 봤는데
이상한 거? 전혀 없었어. 진짜 요즘 사람들 상상력
오지다니까! 너도 이런 얘기 들어봤어? 아니면 나만
쓸데없는 링크 받은 거야? http://youtu.be/l9

엄마
알았어, 엄마. 고마워. 20:21
그건 그렇고
내일 소포가 온다고 하던데 꼭
받아야 해. 20:21
응. 20:21
그들에게 뭐라고 하지? 20:21
내게 무슨 코드를
알려 주더구나. 20:21
185832850211257854 20:21
오케이. 그게 다야 20:21
? 20:21
아니. 또 있어. 20:22
32X6 20:23
그리고 20:23
65K4. 20:23

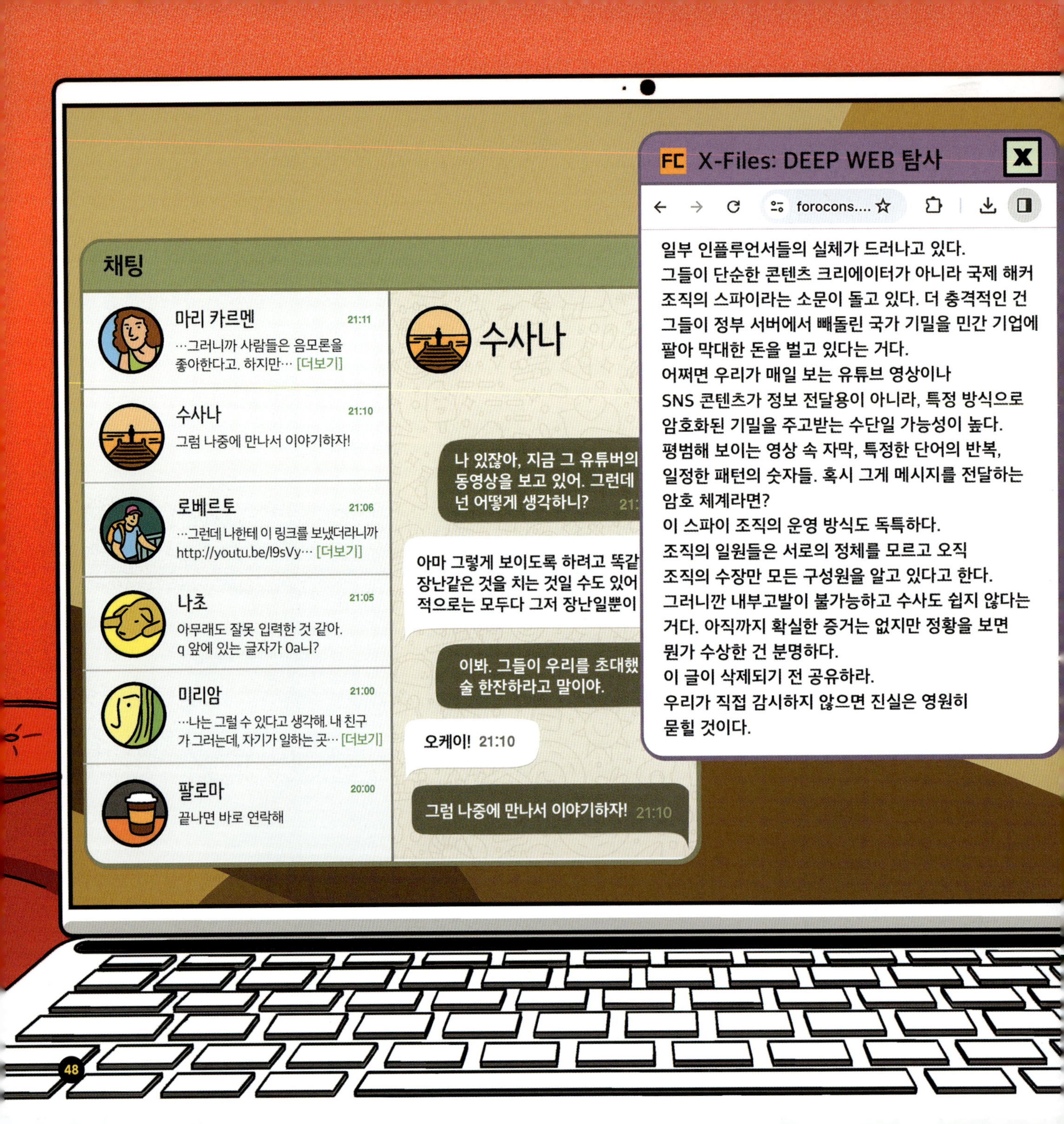
채팅
마리 카르멘 21:11
…그러니까 사람들은 음모론을 좋아한다고. 하지만… [더보기]
수사나 21:10
그럼 나중에 만나서 이야기하자!
로베르토 21:06
…그런데 나한테 이 링크를 보냈더라니까 http://youtu.be/l9sVy… [더보기]
나초 21:05
아무래도 잘못 입력한 것 같아. q 앞에 있는 글자가 0a니?
미리암 21:00
…나는 그럴 수 있다고 생각해. 내 친구가 그러는데, 자기가 일하는 곳… [더보기]
팔로마 20:00
끝나면 바로 연락해
수사나
나 있잖아, 지금 그 유튜버의 동영상을 보고 있어. 그런데 넌 어떻게 생각하니?
아마 그렇게 보이도록 하려고 똑같 장난같은 것을 치는 것일 수도 있어 적으로는 모두다 그저 장난일뿐이
이봐. 그들이 우리를 초대했 술 한잔하라고 말이야.
오케이! 21:10
그럼 나중에 만나서 이야기하자! 21:10
FC X-Files: DEEP WEB 탐사
forocons....
일부 인플루언서들의 실체가 드러나고 있다.
그들이 단순한 콘텐츠 크리에이터가 아니라 국제 해커 조직의 스파이라는 소문이 돌고 있다. 더 충격적인 건 그들이 정부 서버에서 빼돌린 국가 기밀을 민간 기업에 팔아 막대한 돈을 벌고 있다는 거다.
어쩌면 우리가 매일 보는 유튜브 영상이나 SNS 콘텐츠가 정보 전달용이 아니라, 특정 방식으로 암호화된 기밀을 주고받는 수단일 가능성이 높다.
평범해 보이는 영상 속 자막, 특정한 단어의 반복, 일정한 패턴의 숫자들. 혹시 그게 메시지를 전달하는 암호 체계라면?
이 스파이 조직의 운영 방식도 독특하다.
조직의 일원들은 서로의 정체를 모르고 오직 조직의 수장만 모든 구성원을 알고 있다고 한다.
그러니깐 내부고발이 불가능하고 수사도 쉽지 않다는 거다. 아직까지 확실한 증거는 없지만 정황을 보면 뭔가 수상한 건 분명하다.
이 글이 삭제되기 전 공유하라.
우리가 직접 감시하지 않으면 진실은 영원히 묻힐 것이다.

사건의 실마리

이 사건을 해결하기 위해 굳이 여기 나온 단서를 읽을 필요는 없습니다. 하지만 당신의 추리가 미궁에 빠져 있다면, 아래의 단서가 도움이 될 것입니다. 그렇지만 한꺼번에 다 읽으려고 하지는 마세요. 어쩌면 하나의 단서만으로도 수수께끼를 풀 수 있는 열쇠를 찾을지 모르니까요. 그럼 행운을 빌어요!

단서 1

요즘 사람들의 입에 오르내리는 유튜브 링크로 들어가야 합니다. 이를 위해서는 여러 알파벳과 숫자를 조합해서 전체 링크를 찾아야 해요.

단서 2

단서를 조사하다 보면 동영상 자막에 메시지가 숨겨져 있다는 이야기가 나옵니다. 영상과 자막을 비교하고 문맥에 맞지 않는 단어가 있는지 잘 살펴보세요. 이런 단어들을 모두 모으면 숨겨진 문장을 발견할 수 있습니다.

단서 3

유튜브의 자막을 분석하면, 정부가 요원들에게 메시지를 전송하는 방법과 암호 코드에 대한 내용이 숨겨져 있습니다. 배경화면을 잘 관찰해 보세요.

사건 해결

사건 현장을 자세히 살펴보고, 사건이 어떻게 일어났는지 알아봅시다.

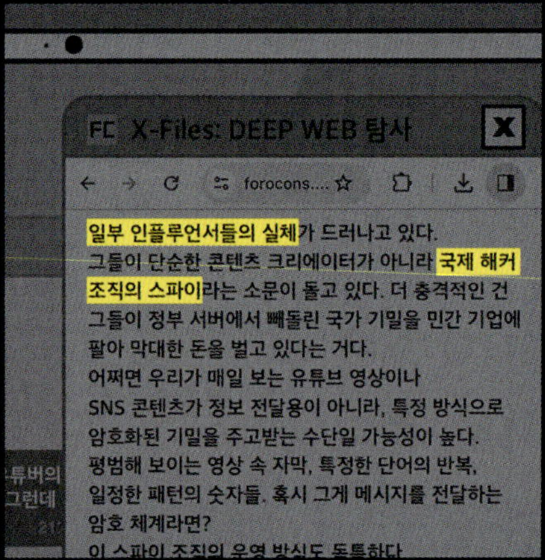

FC X-Files: DEEP WEB 탐사
forocons....
일부 인플루언서들의 실체가 드러나고 있다.
그들이 단순한 콘텐츠 크리에이터가 아니라 국제 해커 조직의 스파이라는 소문이 돌고 있다. 더 충격적인 건 그들이 정부 서버에서 빼돌린 국가 기밀을 민간 기업에 팔아 막대한 돈을 벌고 있다는 거다.
어쩌면 우리가 매일 보는 유튜브 영상이나 SNS 콘텐츠가 정보 전달용이 아니라, 특정 방식으로 암호화된 기밀을 주고받는 수단일 가능성이 높다.
평범해 보이는 영상 속 자막, 특정한 단어의 반복, 일정한 패턴의 숫자들. 혹시 그게 메시지를 전달하는 암호 체계라면?

1 사건 현장을 조사하면 흥미로운 사실이 발견됩니다. 메시지와 열린 창의 글을 종합해보면 자신의 동영상에 메시지를 숨겨 기밀 정보를 판매하는 인플루언서 스파이 조직이 있다는 거죠.

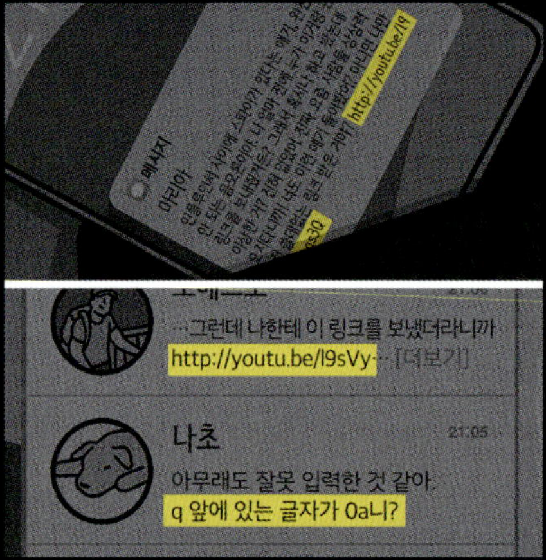

…그런데 나한테 이 링크를 보냈더라니까
http://youtu.be/l9sVy… [더보기]
나초
21:05
아무래도 잘못 입력한 것 같아.
q 앞에 있는 글자가 0a니?

2 몇몇 지인들이 의심스러운 동영상의 링크를 공유하고 있지만, 전체 인터넷 주소는 확인할 수 없네요.

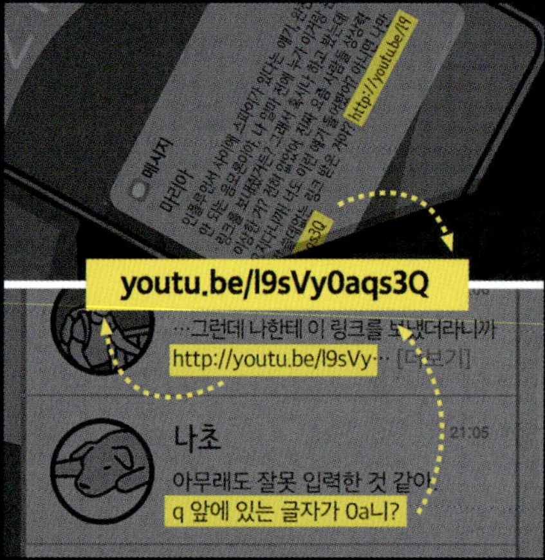

youtu.be/l9sVy0aqs3Q
…그런데 나한테 이 링크를 보냈더라니까
http://youtu.be/l9sVy… [더보기]
나초
21:05
아무래도 잘못 입력한 것 같아.
q 앞에 있는 글자가 0a니?

3 전체 주소를 알아내려면 알게 된 단서들을 조합해야 합니다. 일치하는 영어와 숫자의 조합을 찾아내면 전체 링크 주소를 얻을 수 있어요.

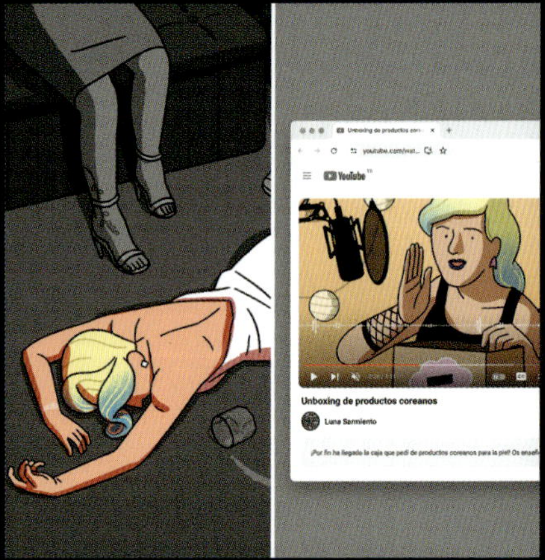

YouTube
Unboxing de productos coreanos
Luna Sarmiento

4 그 주소로 접속하면 피해자가 동영상에 등장하는 것을 확인할 수 있어요.

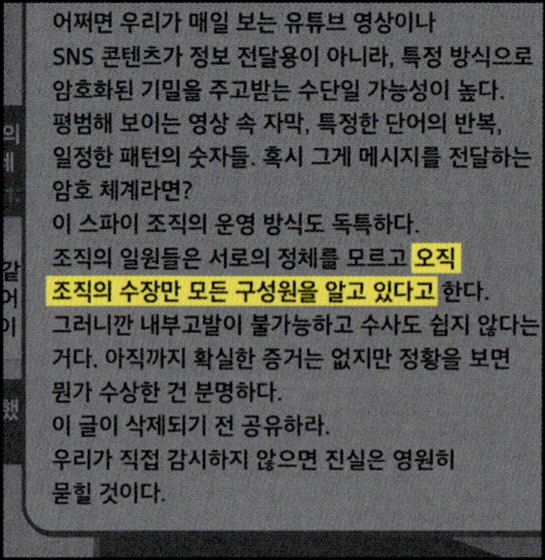

어쩌면 우리가 매일 보는 유튜브 영상이나 SNS 콘텐츠가 정보 전달용이 아니라, 특정 방식으로 암호화된 기밀을 주고받는 수단일 가능성이 높다.
평범해 보이는 영상 속 자막, 특정한 단어의 반복, 일정한 패턴의 숫자들. 혹시 그게 메시지를 전달하는 암호 체계라면?
이 스파이 조직의 운영 방식도 독특하다.
조직의 일원들은 서로의 정체를 모르고 오직 조직의 수장만 모든 구성원을 알고 있다고 한다.
그러니깐 내부고발이 불가능하고 수사도 쉽지 않다는 거다. 아직까지 확실한 증거는 없지만 정황을 보면 뭔가 수상한 건 분명하다.
이 글이 삭제되기 전 공유하라.
우리가 직접 감시하지 않으면 진실은 영원히 묻힐 것이다.

5 그렇다면 스파이 조직의 수장으로, 조직 구성원의 모든 이름을 아는 유일한 사람이 바로 그녀였을까요?

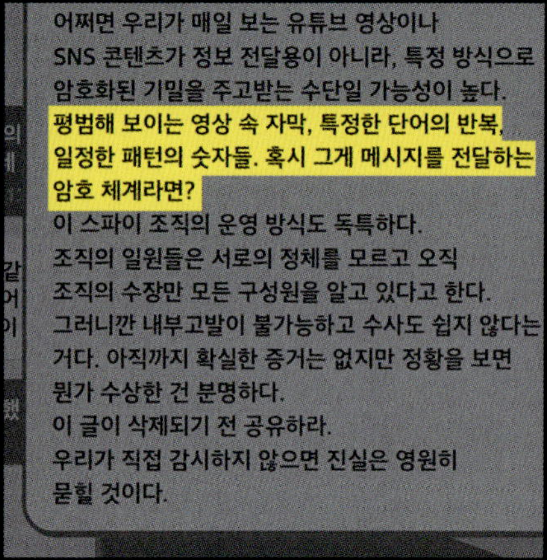

어쩌면 우리가 매일 보는 유튜브 영상이나 SNS 콘텐츠가 정보 전달용이 아니라, 특정 방식으로 암호화된 기밀을 주고받는 수단일 가능성이 높다.
평범해 보이는 영상 속 자막, 특정한 단어의 반복, 일정한 패턴의 숫자들. 혹시 그게 메시지를 전달하는 암호 체계라면?
이 스파이 조직의 운영 방식도 독특하다.
조직의 일원들은 서로의 정체를 모르고 오직 조직의 수장만 모든 구성원을 알고 있다고 한다.
그러니깐 내부고발이 불가능하고 수사도 쉽지 않다는 거다. 아직까지 확실한 증거는 없지만 정황을 보면 뭔가 수상한 건 분명하다.
이 글이 삭제되기 전 공유하라.
우리가 직접 감시하지 않으면 진실은 영원히 묻힐 것이다.

6 인터넷 커뮤니티의 글에 따르면, 비밀스러운 메시지가 동영상의 자막 속에 숨겨져 있을 수도 있다고 합니다.

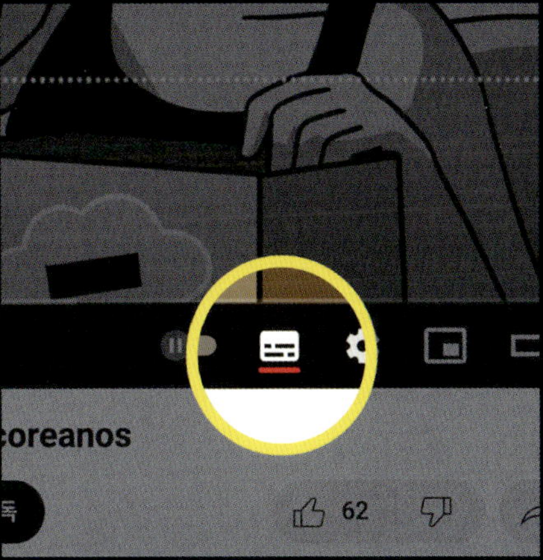

7 만약 동영상에 자막이 나오지 않는 경우, 해당 아이콘을 클릭하면 자막이 나옵니다.

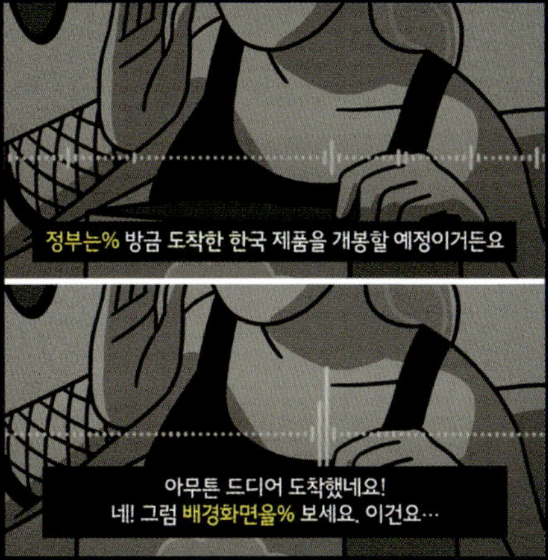

8 한글 자막을 보면 왠지 어색한 단어들이 눈에 띄는군요. 자세히 확인해 보면 단어 끝에 특수 기호가 붙어 있는 말들이 군데군데 섞여 있습니다.

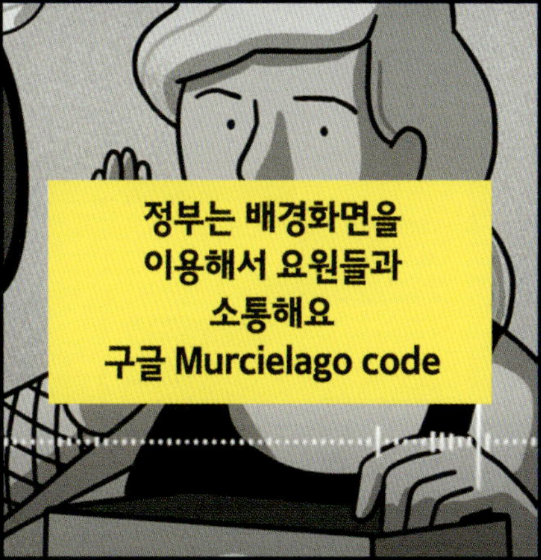

9 기호가 붙어 있는 부분을 모으면 비밀 메시지를 확인할 수 있어요. 거기서 우리는 정부가 배경화면을 통해 스파이들과 소통한다는 사실을 알 수 있습니다.

10 노트북과 휴대폰의 배경화면을 자세히 살펴보면 휴대폰 배경화면에 숨겨져 있는 암호를 찾을 수 있습니다. 암호는 알파벳과 숫자의 조합으로 이루어져 있어요.

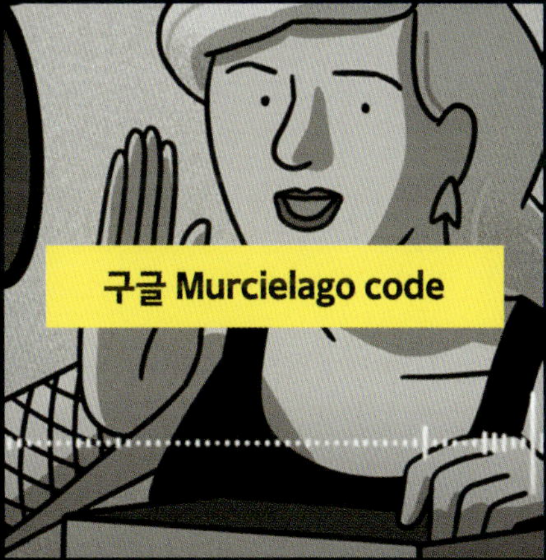

11 루나는 정부가 '무르시엘라고'라는 암호를 사용한다는 것을 알아내고 이를 전달한 거예요.

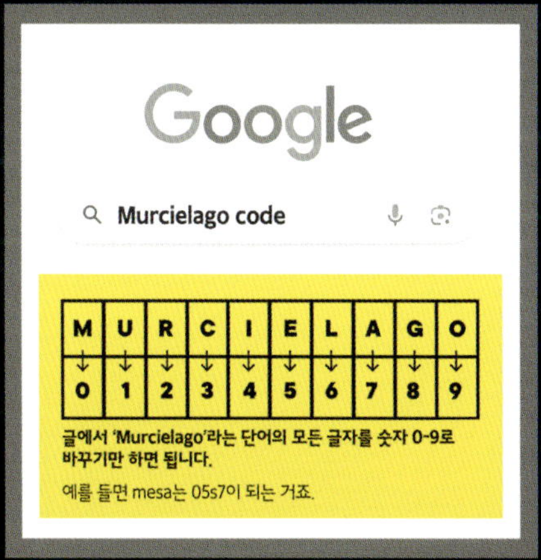

12 구글에서 'Murcielago code'를 검색하면 그 내용이 무엇인지 알 수 있어요. 즉 'murcielago'라는 단어의 글자를 0부터 9까지의 숫자로 바꾸기만 하면 됩니다.

사건 해결

13 이제는 휴대전화의 배경화면에 있는 메시지를 해독할 수 있습니다. 여기서 정부는 "임무를 알려면 murcielago.kr@gmail.com 주소로 이메일을 보내야 한다"고 알려주고 있네요.

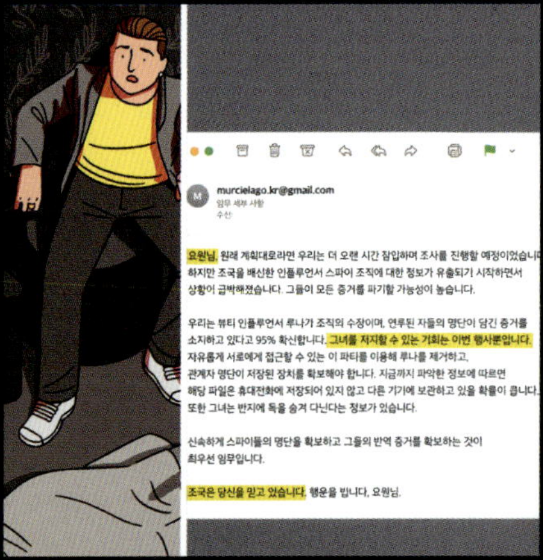

14 휴대전화를 가진 자의 정체는 정부의 요원이었습니다. 이메일을 보내면 정부의 명령을 확인할 수 있는데, 이를 보면 요원이 범인임을 알 수 있습니다.

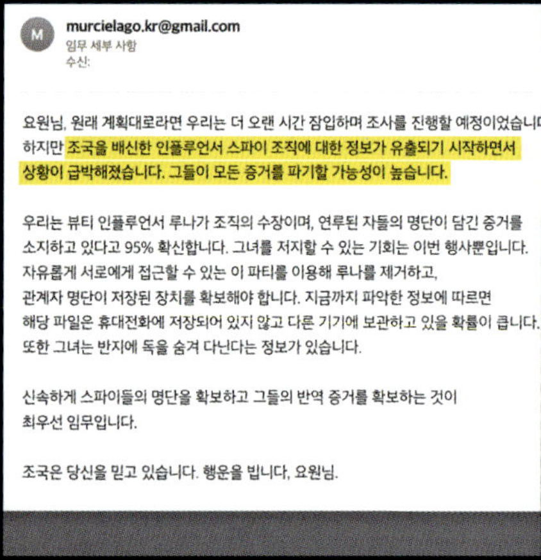

15 그 요원의 임무는 스파이 조직의 수장을 제거하는 것이었습니다. 이미 그들에 대한 정보가 유출된 상황이었기 때문이죠.

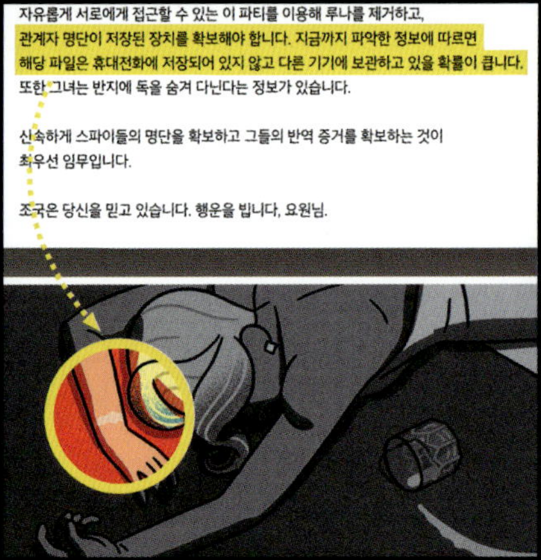

16 이메일에는 요원이 중요 정보를 저장해 놓은 장치를 빼앗아야 한다고 명시되어 있습니다. 피해자가 평소에 시계를 착용하고 있던 곳의 피부색이 다른 것을 보면, 그 장치는 피해자의 시계임이 분명하군요.

죽음을 불러온 술잔

사건의 진실

최근 인터넷에서 정체불명의 스파이 조직이 인플루언서로 위장해 활동하고 있다는 소문이 떠돌았다. 단순한 음모론으로 치부하는 사람도 많았지만, 이는 사실이었다. 이 국제 해커 조직은 정부 서버에서 민감한 기밀 정보를 빼돌린 뒤, 동영상을 이용해 암호화된 메시지를 전송하는 방식을 이용하고 있었다.

정부는 오래전부터 이들이 국가 기밀을 유출하는 해커 조직일 가능성을 의심하고 있었다. 그리고 이 조직을 와해시키기 위해 요원을 인플루언서들 사이로 침투시켰다. 오랫동안 조사한 결과, 예상보다 스파이 조직의 규모는 크고 치밀했다. 게다가 정보 유출이 빈번해지면서 이들 스파이 조직에 대한 소문이 나기 시작했고, 스파이 조직이 정부의 추적을 눈치채고 모든 증거를 인멸할 가능성이 점점 커지고 있었다. 특히 우두머리로 지목된 유튜버 루나가 스파이 조직에 연루된 모든 인물의 정보를 파기할 경우 정부는 이 반역자들의 뿌리를 뽑아내기가 어려워질 것을 우려했다.

결국 정부의 비밀정보국은 그녀를 제거하기로 결단을 내렸다. 마침 영화 <아가일>의 개봉을 기념해 인플루언서들이 한자리에 모이는 파티가 예정되어 있었다. 정부는 휴대전화 배경화면을 이용해 요원에게 암호화된 지령을 전달했다. 암호를 해독하면 임무의 세부 사항과 함께 행사장에 침투해 루나의 음료에 독을 타고 그녀가 쓰러진 순간 스파이 조직의 증거가 담긴 장치를 확보하라는 지시를 확인할 수 있었다.

작전 당일, 요원은 완벽하게 계획을 실행했다. 루나는 독에 중독되어 쓰러졌고 요원은 스파이 조직의 정보가 저장된 루나의 시계를 손에 넣었다. 이후 사건의 진실을 눈치챈 탐정과 비밀정보국은 사건을 은폐하기로 결정했다. 국가의 안위를 지키기 위해 그녀의 제거는 불가피한 선택이었다. 범인은 체포되지 않았고, 진실은 그날 밤 어둠 속에 묻혔다.

CASE **04**

가계도의 빈칸

이 사건은 몇 년 전 한 요양원에서 일어났습니다. 어느 날 아침, 간호사와 요양보호사들은 거주 노인 중 한 명이 머리에 총상을 입고 숨져 있는 것을 발견하고 큰 충격을 받았습니다. 처음에는 모두 자살이라고 생각했지만,그 할머니가 어떻게 권총을 구했는지, 그리고 왜 아무도 총소리를 듣지 못했는지 이해할 수 없었죠.

사건을 조사하기 위해 현장에 출동한 당신은 자살이라는 가설과 맞지 않는 몇 가지 정황을 발견했고, 살인 가능성도 염두에 두기 시작했습니다. 현장을 조사하던 중, 피해자를 유심히 바라보고 있는 사람이 눈에 띄었습니다.
경찰은 그 할머니가 사건에 연루되었을 가능성이 있다고 판단하고,
곧 조사를 진행하기로 했습니다.

사건을 해결하는 데 걸린 시간은? 88:88

이 사건의 범인은?

그 증거는?

살해 동기는?

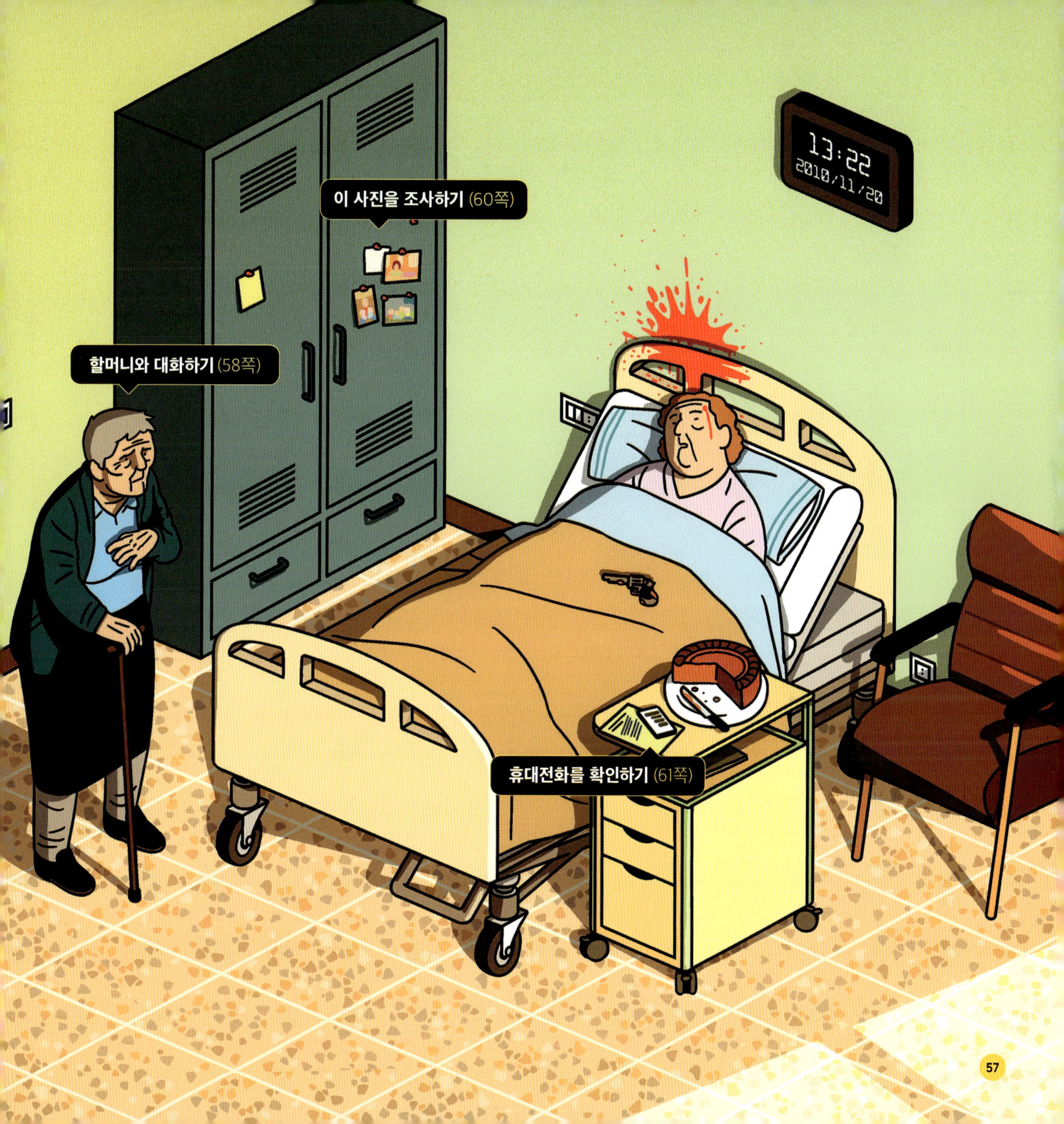
이 사진을 조사하기 (60쪽)
13:22
2010/11/20
할머니와 대화하기 (58쪽)
휴대전화를 확인하기 (61쪽)

증인 마리아 P.와의 면담 녹취록

탐정님, 돌로레스의 시신 옆에는 큰 충격을 받은 할머니 한 분이 계셨어요. 이분을 모시고 조사를 진행했는데, 알츠하이머병 말기 단계라 말씀하시는 내용이 뒤엉켜 있더군요. 하지만 여러 답변을 비교해 보니, 전체적으로 의미가 통하는 부분이 있다는 걸 확인했어요. 다음은 면담을 정리한 내용입니다. 그리고 조사에 도움이 될 만한 몇 가지 참고 사항도 메모했습니다. 이 사건을 한눈에 정리하려면 볼펜과 종이를 준비해 주세요. 가족 관계, 이름, 나이 등 핵심 정보를 정리할 때 유용할 겁니다.

1. 할머니는 피해자와 어떤 관계죠?

나는 형제도 자매도 없지만,
이 사람의 어머니는 우리 어머니의
딸이에요.

2. 돌로레스의 자녀는 모두 몇 명인가요?

아들만 셋이에요.
그리고 각각의
아들이 여동생 하나를
가지고 있죠.

이 답변에 주의하세요. 형제의 자매가 셋이라는 뜻이 아니에요.

3. 발렌티노는 누구죠? 여기 사진에 나오는데요

발렌티노에게 물어보면,
이렇게 대답할 거예요.
"돌로레스의 아들은
내 아들의 아버지예요."

발렌티노에게는 남편이 없어요. 이성애자니까요. 당연히 아내가 있죠.

4. 돌로레스의 딸은 몇 살인가요?

딸은 형제자매 전체의 이름의
글자를 모두 합친 것의 두 배만큼
나이를 먹었죠.

아직 그들의 이름을 모르기 때문에 나이는 나중에 계산할 수 있을 거예요.

5. 혹시 막내딸의 이름이 뭔지 아세요?

돌로레스에게 물어봤더라면
이렇게 대답했을 거예요.
"내 딸은 내 여동생이 아니라
내 여동생의 언니와 이름이 같아요."

여기서 돌로레스의 여동생을 언급하고 있죠. 그런데 여동생은 이미 오래전에 세상을 떠났어요. 따라서 이번 사건과 관련이 없습니다.

6. 피해자의 자식들에 대해 더 아시는 게 있나요?

파트리오와 하비에르는
형제들이죠. 파트리오는
조카딸이 두 명인데, 그 아이들은
하비에르의 조카딸이 아니에요.

그런데 파트리오 아내 쪽으로도 조카딸이 없다는 것을 확인했습니다.

7. 이 조카딸들은 이름이 뭔가요?

그중 한 명은 자기 아버지
여동생과 이름이 같아요.
그리고 다른 하나는
사촌 여동생의 이름과 같고요.

그녀 아버지의
여동생은 이미
나왔지요.
반면 사촌 여동생은
아직 안 나왔어요.
곧 나올 겁니다.

8. 조카딸들에게 남동생이 있나요?

네, 남동생이 하나 있죠. 토마스라고.

9. 그럼 파트리오에게는 아들이 없나요?

아뇨. 있어요. 에스테반, 에두아르,
그리고 그 밖의 아이들도요.

10. 그럼 모두 몇 명이죠?
아들은 몇 명이고, 딸은 몇 명인가요?

에스테반이라면 형제와 자매의 수가 같다고
대답할걸요. 그렇지만 그 아이의 막내 여동생인
라켈이라면, 형제가 자매보다 두 배 더 많다고
할 거예요.

11. 아이들 이름이 어떻게 되는지 기억나세요?

아뇨. 모두 다 기억나지는 않아요.
그런데 남자아이들의 이름은 모두 같은 글자로
시작되고요, 여자아이들의 이름도 모두
같은 글자로 시작되죠.

12. 더 말씀해주실 건 없나요?
제게 모든 자식들과 자식들의 자식들까지
언급하셨죠.

맞아요. 하지만 더 말씀드릴 건 없어요.
이미 다 말씀드렸으니까요.

13. 아까 그 두 형제의 이름이 에두아르와
에스테반이라고 하셨어요.
그 아이들의 나이는 어느 정도 되나요?

먼저 에스테반의 경우, 그의 아버지가
31살 때, 그 아이는 8살이었죠.
지금 그의 아버지는 그 아이보다
나이가 두 배 더 많아요.

이 아이의 현재
나이를 계산하려면
지금이 몇 년인지
생각해 보세요.

그리고 에두아르의 경우는…
2000년도에 그 아이는 태어난 연도의
모든 숫자를 다 더한 것과 나이가 같았죠.

14. 하비에르의 딸들에 대해서도
말씀해 주시겠어요? 지금 몇 살이죠?

2년 후에 한 아이는 5년 전 그 아이
나이의 두 배가 될 거예요.

그리고 사촌 여동생과 이름이 같은 아이의 경우,
그 아버지 나이에 자기 나이를 더하면 50이 돼요.
하지만 아버지는 그 아이보다 20살 많아요.

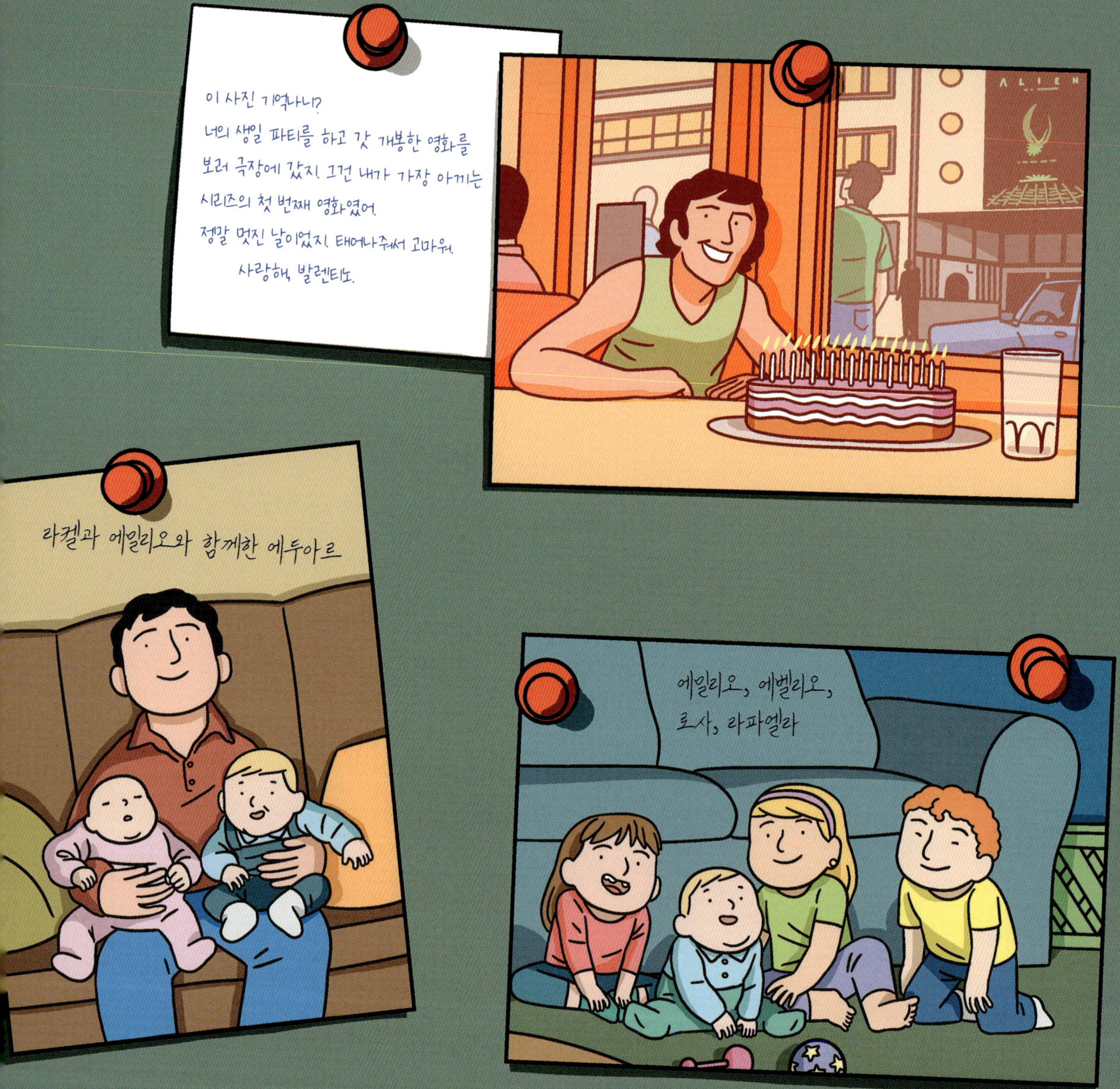
이 사진 기억나니?
너의 생일 파티를 하고 갓 개봉한 영화를
보러 극장에 갔지. 그건 내가 가장 아끼는
시리즈의 첫 번째 영화였어.
정말 멋진 날이었지. 태어나줘서 고마워.
사랑해, 발렌티노.
ALIEN
라켈과 에밀리오와 함께한 에두아르
에밀리오, 에벨리오,
로사, 라파엘라

증거 제1호:
피해자의 휴대전화

탐정님, 피해자는 휴대전화를 꽤 능숙하게 다뤘던 것 같아요. 그런데 예상대로 일부 메시지가 삭제된 상태였습니다. 다행히 사이버수사팀이 의심스러운 메시지를 복구했지만, 지금으로서는 수신자가 누구인지 확인할 방법이 없어요.

그리고 '비스코치토(비스킷)'라는 별명은 남자든 여자든 가리킬 수 있는 말이에요. 피해자가 가족 중 누군가와 대화를 나눴을 가능성도 있습니다. 사건 당일, 모두가 피해자의 요양원에 찾아왔죠. 그런데 사람들이 도착했을 때, 피해자는 이미 사망한 뒤였어요. 그런데 방 안의 불이 다 꺼져 있었기 때문에 그전에 먼저 온 가족도 피해자가 잠든 줄 알고 일부러 깨우지 않았다고 합니다. 그러니까 가족 중 누구든 피해자를 죽였을 가능성이 있는 거죠.

그리고 마을 축제의 불꽃놀이가 시작되는 순간 총이 발사되었기 때문에 아무도 총소리를 듣지 못한 것 같습니다.

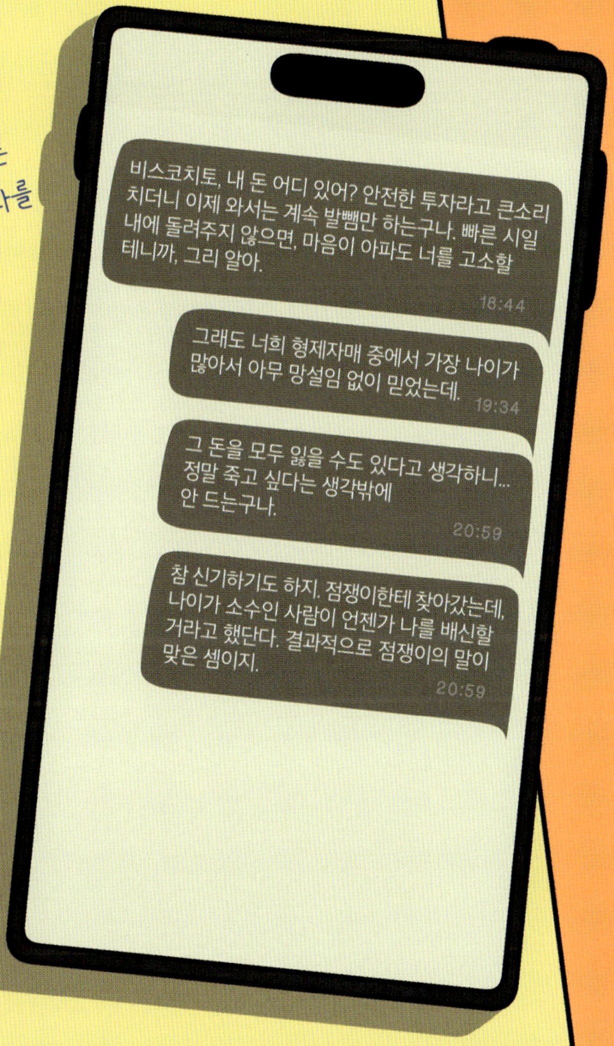
비스코치토, 내 돈 어디 있어? 안전한 투자라고 큰소리 치더니 이제 와서는 계속 발뺌만 하는구나. 빠른 시일 내에 돌려주지 않으면, 마음이 아파도 너를 고소할 테니까, 그리 알아.
18:44
그래도 너희 형제자매 중에서 가장 나이가 많아서 아무 망설임 없이 믿었는데.
19:34
그 돈을 모두 잃을 수도 있다고 생각하니... 정말 죽고 싶다는 생각밖에 안 드는구나.
20:59
참 신기하기도 하지. 점쟁이한테 찾아갔는데, 나이가 소수인 사람이 언젠가 나를 배신할 거라고 했단다. 결과적으로 점쟁이의 말이 맞은 셈이지.
20:59

사건의 실마리

이 사건을 해결하기 위해 굳이 여기 나온 단서를 읽을 필요는 없습니다. 하지만 당신의 추리가 미궁에 빠져 있다면, 아래의 단서가 도움이 될 것입니다. 그렇지만 한꺼번에 다 읽으려고 하지는 마세요. 어쩌면 하나의 단서만으로도 수수께끼를 풀 수 있는 열쇠를 찾을지 모르니까요. 그럼 행운을 빌어요!

단서 1

이 사건의 수수께끼를 풀면서 피해자의 가계도를 만들어야 해요. 하지만 조금 복잡할 수도 있으니 미리 몇 가지 힌트를 알려드릴게요. 마리아는 고인이 된 돌로레스의 어머니예요. 그리고 돌로레스에게는 역시 돌로레스라는 이름을 가진 딸과 세 아들, 즉 발렌티노, 파트리오, 하비에르가 있습니다.

단서 2

발렌티노의 나이를 계산하려면 그의 생일 케이크의 촛불을 세고, 그날 그와 함께 보러 간 영화의 개봉 날짜를 찾아보세요. 그리고 마지막으로 지금이 몇 년도인지 생각해 보세요.

단서 3

아기들의 사진을 잘 살펴보면, 누가 더 나이가 많고 누가 더 어린지 알 수 있을 거예요. 에밀리오는 두 사진에 모두 나오는데, 아직 어린 아기네요. 따라서 에두아르도가 아이들 중 가장 나이가 많다는 걸 알 수 있죠. 사진에 아기로 나오는 에밀리오, 라켈, 로사, 라파엘라도 에두아르도보다 나이가 어립니다.

사건 해결

사건 현장을 자세히 살펴보고, 사건이 어떻게 일어났는지 알아봅시다.

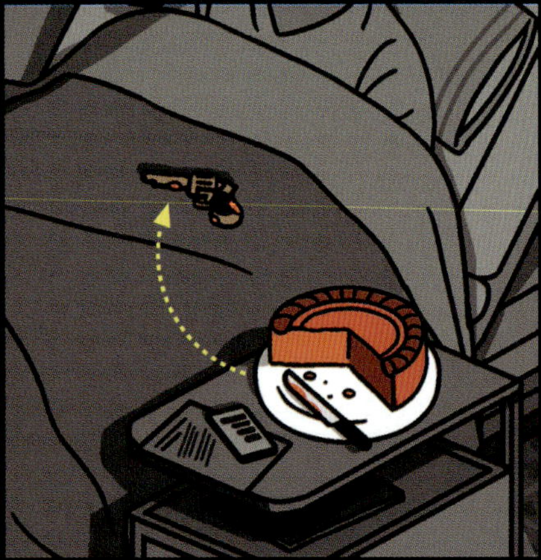

1 총에 얼룩이 묻어 있다는 것은 총을 케이크에서 꺼냈다는 걸 의미합니다. 누군가 슬쩍 넣었을 수도 있지만, 피해자가 자살할 생각이었다면 누군가에게 총을 넣어 가져오게 했을 가능성도 있습니다.

2 하지만 자살일 가능성을 배제할 수 있는 한 가지 단서가 있군요. 그것은 피해자의 손이 담요 밑에 있다는 점입니다. 만약 그녀가 자살했다면, 당연히 손은 담요 위로 떨어졌을 테니까요.

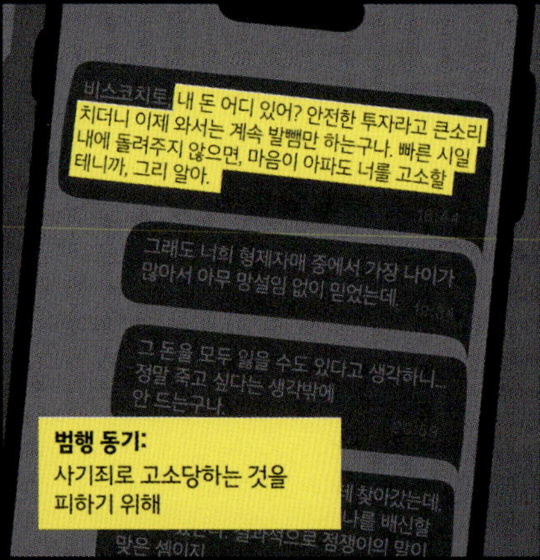

내 돈 어디 있어? 안전한 투자라고 큰소리 치더니 이제 와서는 계속 발뺌만 하는구나. 빠른 시일 내에 돌려주지 않으면, 마음이 아파도 너를 고소할 테니까, 그리 알아.
그래도 너희 형제자매 중에서 가장 나이가 많아서 아무 망설임 없이 믿었는데.
그 돈을 모두 잃을 수도 있다고 생각하니... 정말 죽고 싶다는 생각밖에 안 드는구나.
범행 동기:
사기죄로 고소당하는 것을 피하기 위해

3 메시지는 명확합니다. 한 가족이 그녀에게 투자를 설득해 거액을 가져갔는데 돈을 돌려주지 않으려 한다는 것이죠. 그렇다면 그 사람이 돈을 돌려주지 않기 위해 피해자를 살해한 게 분명합니다.

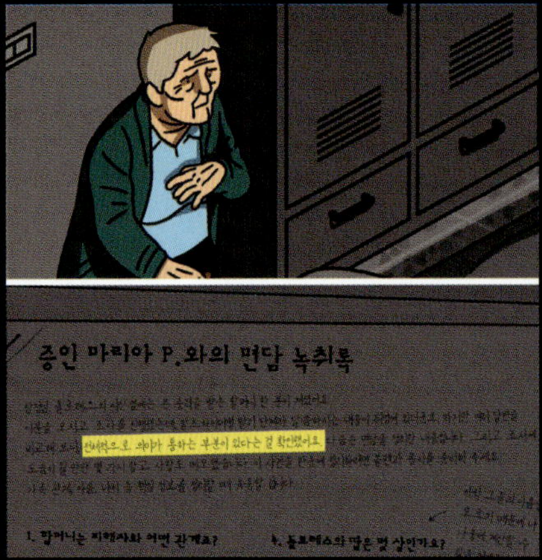

4 알츠하이머병을 앓고 있는 할머니의 진술은 가계도를 완성하는 데 도움이 되겠지만, 그 답변은 혼란스럽기 짝이 없습니다. 아무래도 하나씩 풀어 나가야 할 것 같네요.

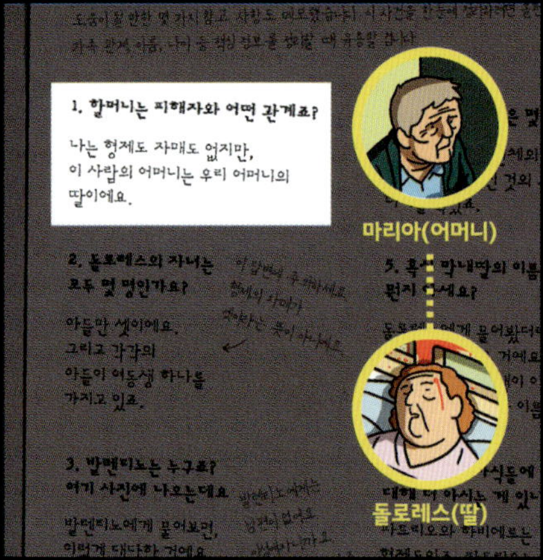

1. 할머니는 피해자와 어떤 관계죠?
나는 형제도 자매도 없지만, 이 사람의 어머니는 우리 어머니의 딸이에요.
마리아(어머니)
돌로레스(딸)
2. 돌로레스의 자녀는 모두 몇 명인가요?
아들만 셋이에요. 그리고 각각의 아들이 여동생 하나를 가지고 있죠.
3. 발렌티노는 누구죠? 여기 사진에 나오는데요

5 1번 질문에서, 만약 할머니에게 자매가 없다면 그녀의 어머니의 딸은 오직 그녀 자신일 수밖에 없습니다. 즉, 할머니가 바로 피해자의 어머니인 셈이죠.

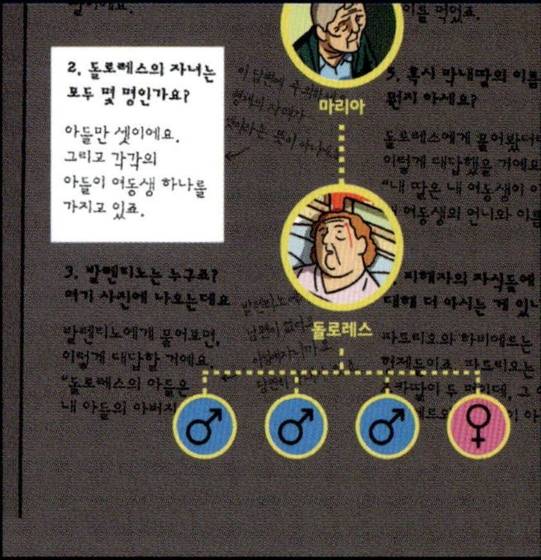

6 2번 질문에 대해 할머니는 아들이 셋이고 딸이 하나라고 대답했어요. 그리고 각각의 형제가 여동생 하나를 가지고 있다는 점에 유의하세요.

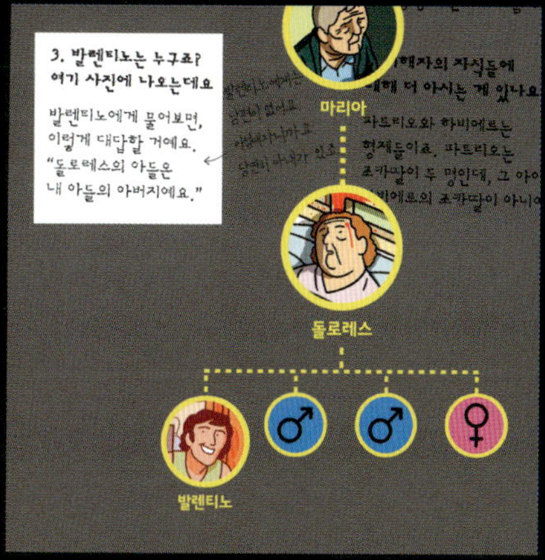

7 3번 질문에 대한 할머니의 답변은 발렌티노가 돌로레스의 아들이라는 뜻입니다. 자기 아들의 아버지는 자신일 수밖에 없으니까요(자기 남편일 수도 있지만, 그는 이성애자임이 확인되었죠).

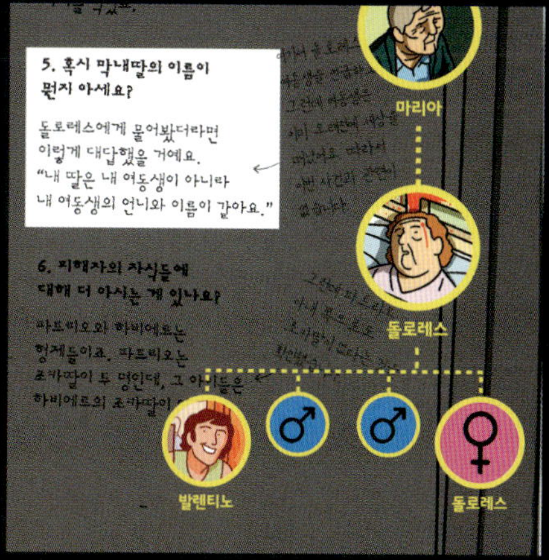

8 5번 답변을 보면, 이 딸의 이름을 알 수 있어요. '돌로레스의 여동생이 아니라 그녀 여동생의 언니'는 돌로레스 자신일 수밖에 없죠. 따라서 그녀 딸의 이름도 역시 돌로레스입니다.

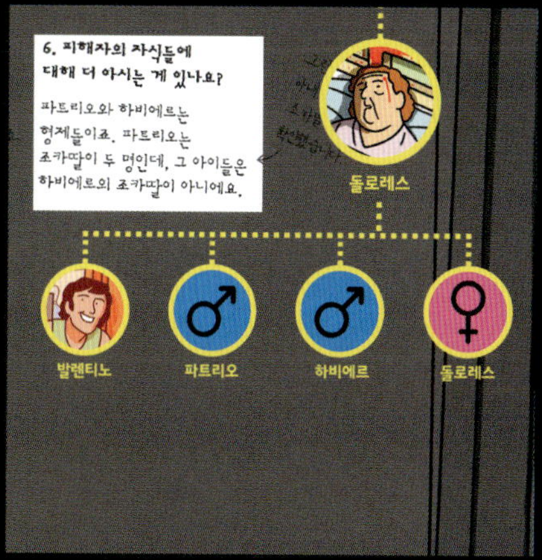

9 6번 질문에 대한 답변에서 할머니는 파트리오와 하비에르라는 두 남자의 이름을 언급합니다.

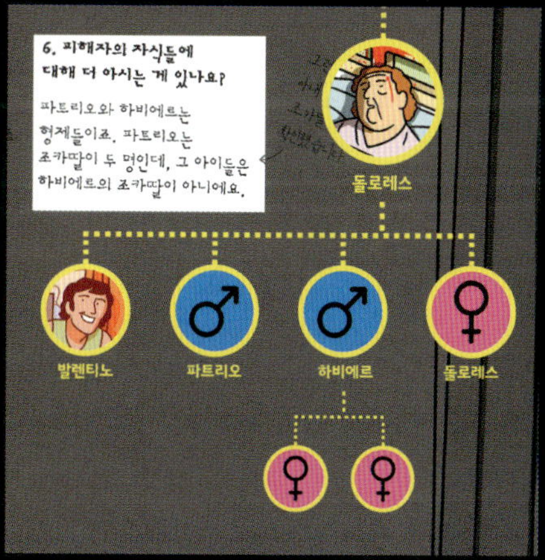

10 형제 중 한 명에게 조카딸이 있고, 다른 한 명에게 조카딸이 없다는 말은 그 아이들이 조카딸이 아니라, 그 다른 한 명의 딸이라는 뜻입니다. 따라서 하비에르에게 딸이 둘 있다는 말이 되겠죠.

11 만약 조카딸 중 한 명이 자기 아버지의 여동생과 같은 이름을 가지고 있다면, 그녀의 이름도 돌로레스입니다.

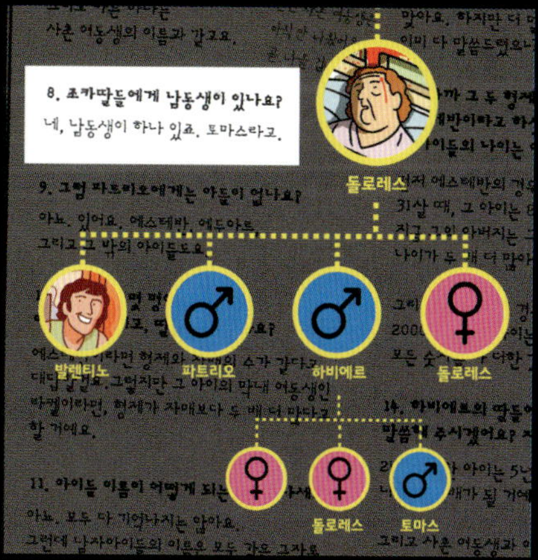

12 두 자매에게는 토마스라는 이름을 가진 남동생이 하나 있어요.

사건 해결

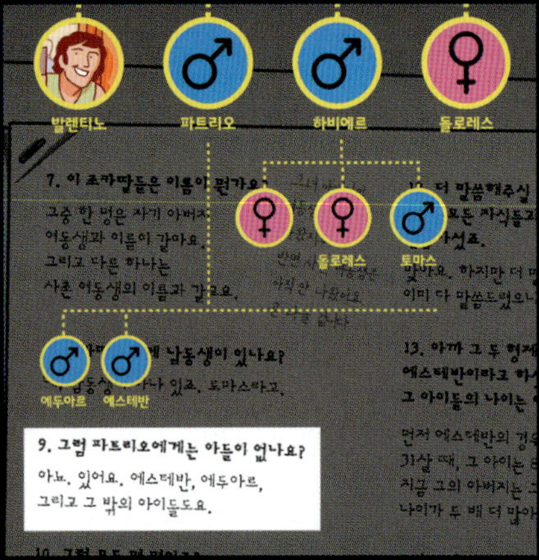

13 그럼 이제 파트리오의 자식들이 모두 몇 명이고 누구인지 맞혀 보도록 해요. 지금까지 우리는 에두아르와 에스테반이라는 아들이 있다는 것을 알고 있죠.

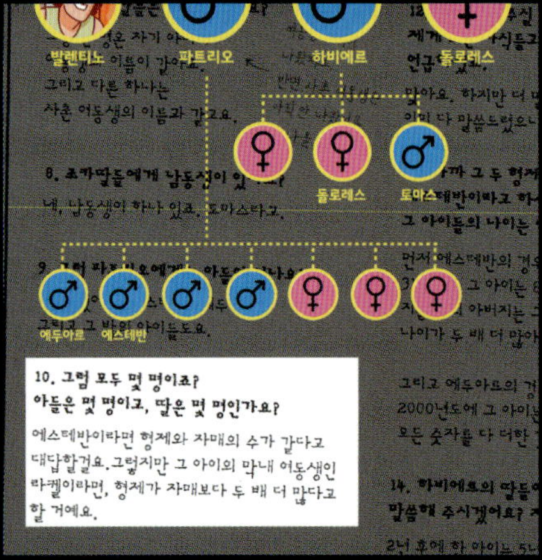

14 에스테반의 형제와 자매 수가 같고 여동생의 형제가 자매보다 두 배 더 많으려면, 형제 네 명과 자매 세 명이 되는 경우밖에 없어요.

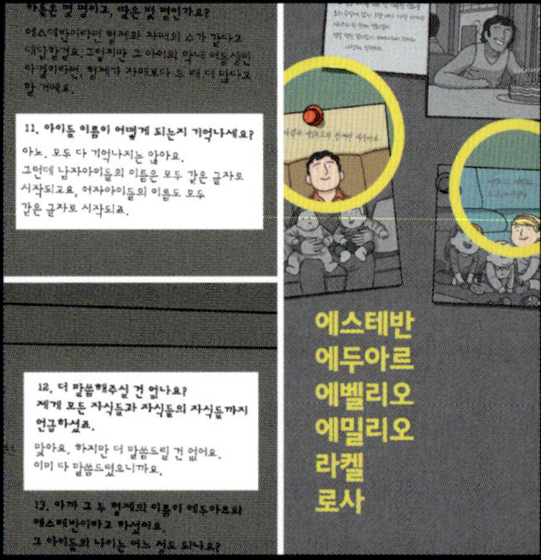

15 이제 형제자매가 더 이상 없고, 모든 형제들과 자매들의 이름이 같은 글자로 시작된다는 것을 알 수 있습니다. 따라서 사진에 나오는 이름을 이용해 빈칸을 채울 수 있어요.

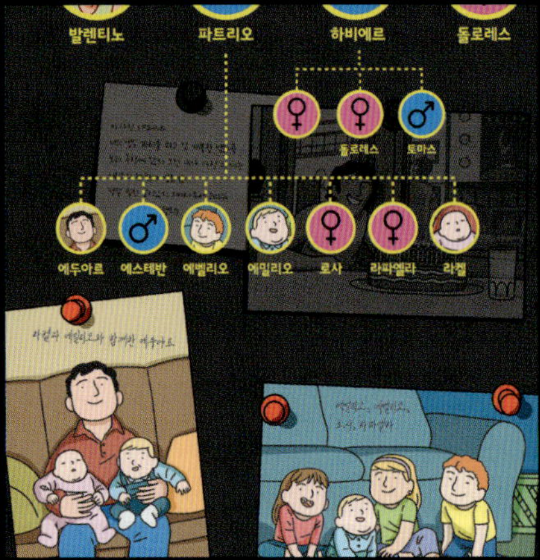

16 그렇다면 남은 두 명의 형제는 에밀리오와 에벨리오겠죠. 또 세 자매는 라켈, 로사, 라파엘라일 테고요.

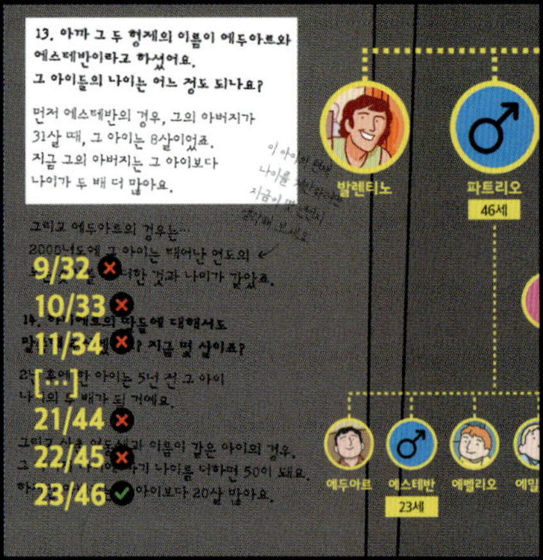

17 13번 답변을 통해 에스테반과 그의 아버지 파트리오의 나이를 계산할 수 있습니다. 그 당시 두 사람은 8살과 31살이었는데, 이제는 한 사람이 다른 사람보다 나이가 두 배 더 많아요. 9/32, 10/33, 11/34, 12/35··· 이렇게 더하다 보면 그 조건을 모두 충족시키는 나이가 나올 거예요. 맞아요, 아들은 23살이고 아버지는 46살이어야 합니다.

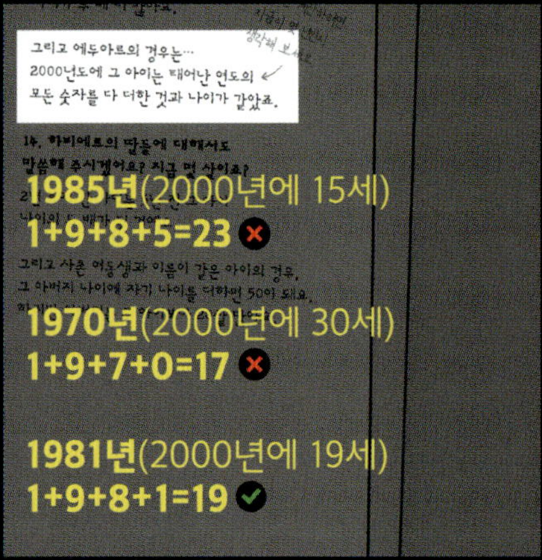

18 에두아르의 경우, 1985년에 태어났다면 이 연도의 숫자를 모두 더하면 23이 되기 때문에 2000년에 15세가 됩니다. 하지만 이것은 조건에 맞지 않는군요. 다른 연도를 계산한 결과, 그가 1981년에 태어났다는 것을 발견했어요. 그 연도의 숫자를 모두 더한 결과가 2000년의 에두아르 나이와 정확하게 일치하기 때문이죠.

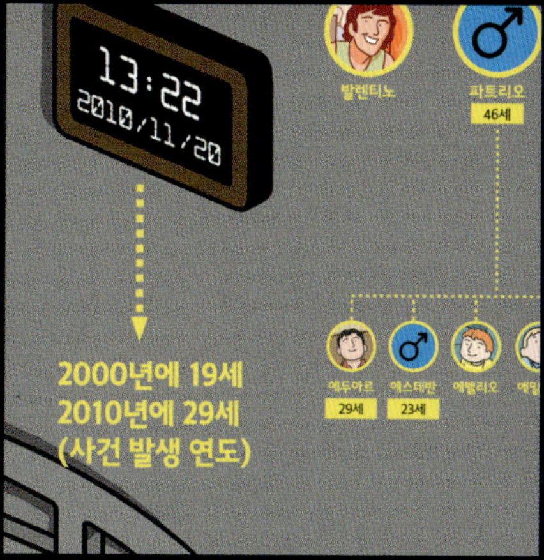

19 하지만 그가 현재 몇 살인지 계산하려면 지금이 2010년이라는 점을 고려해야 해요. 따라서 2010년을 기준으로 그는 29세입니다.

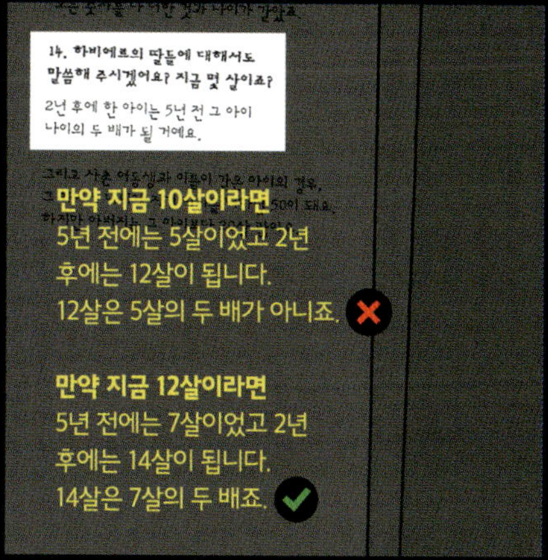

20 하비에르의 딸의 경우, 2년 후 그중 한 명은 5년 전 나이의 두 배가 된다고 합니다. 지금 10살이라고 가정해 보았더니 조건에 맞지 않았어요. 하지만 12살이라고 해보니 정확히 맞아떨어지는군요.

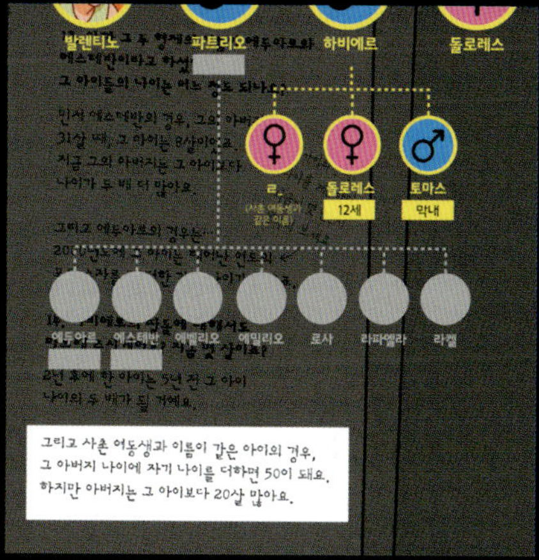

21 그건 돌로레스의 나이예요. 왜냐하면 다른 딸은 사촌 여동생과 같은 이름이라서 'ㄹ'로 시작한다고 했으니까요.

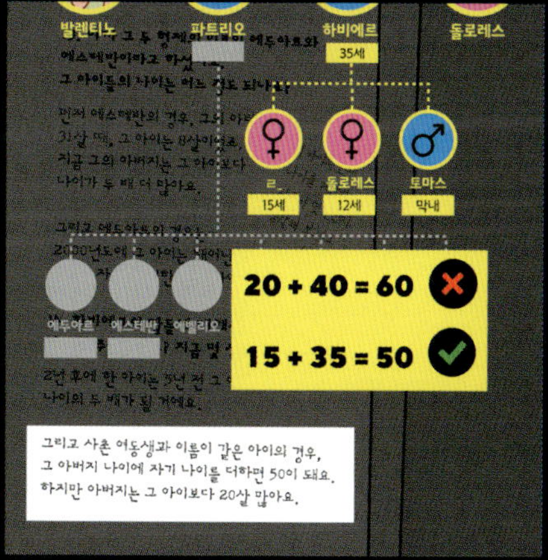

22 이제 사촌 여동생과 이름이 같은 딸의 나이를 계산해 보도록 해요. 그 아이는 아버지와 20살 차이가 난다고 하죠. 그리고 두 사람의 나이를 더하면 50이 되어야 합니다. 예를 들어 20/40이라고 가정하면 60이 나오니까 맞지 않아요. 하지만 15/35로 하면 50이 되니까 맞아요. 이제 아버지와 딸의 나이를 모두 알게 되었네요.

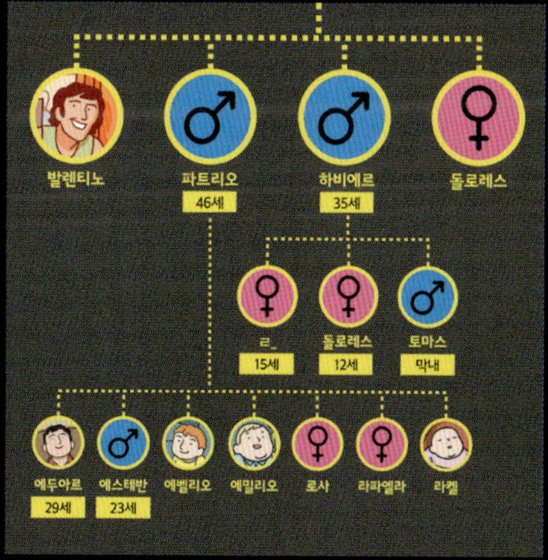

23 전체 가계도가 거의 완성되어 가고 있군요. 하지만 아직 몇몇 가족의 나이를 알아야 합니다.

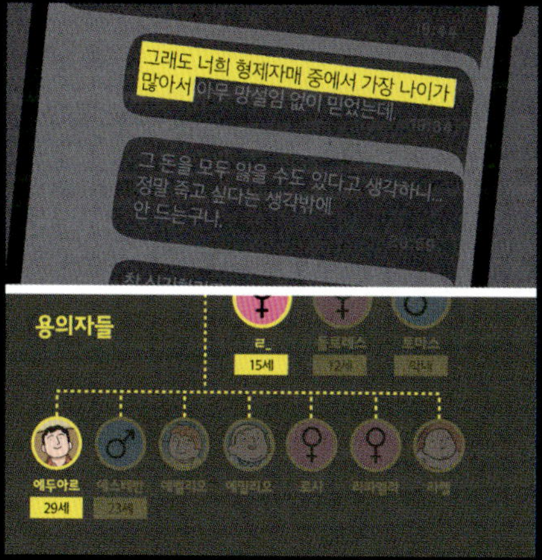

24 피해자의 휴대전화 메시지를 확인해 보면 살인범이 그 형제자매 중 첫째라는 것을 추론할 수 있어요. 하비에르의 딸 중에서는 이름이 'ㄹ'로 시작하는 15세 여성도 용의자입니다. 반면 파트리오의 아들 중에서는 장남인 에두아르가 용의자입니다.

사건 해결

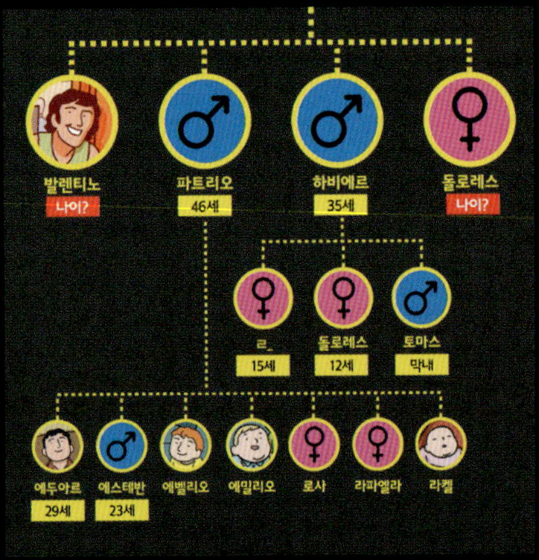

25 이제 발렌티노와 돌로레스(딸)의 나이를 알아볼 차례입니다. 그래야 그들이 두 형제보다 나이가 많은지 적은지 알 수 있을 테니까요.

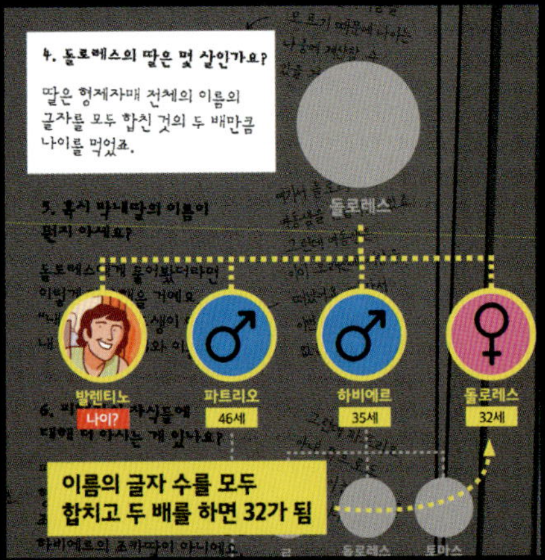

26 4번 대답을 보면, 돌로레스의 나이는 그녀를 포함한 모든 형제자매 이름 글자 수의 두 배라고 했죠. 하비에르(4), 파트리오(4), 발렌티노(4), 돌로레스(4)를 모두 더하고 2를 곱하면 32가 됩니다.

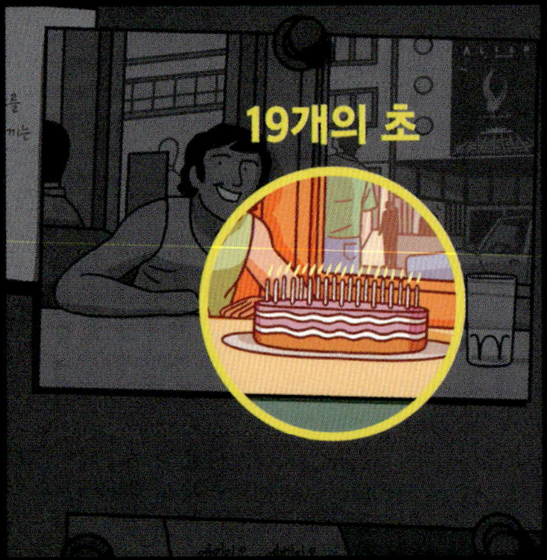

27 발렌티노의 나이를 계산하려면 그의 생일을 축하하는 사진을 살펴봐야겠군요. 케이크에 꽂힌 초는 모두 19개입니다.

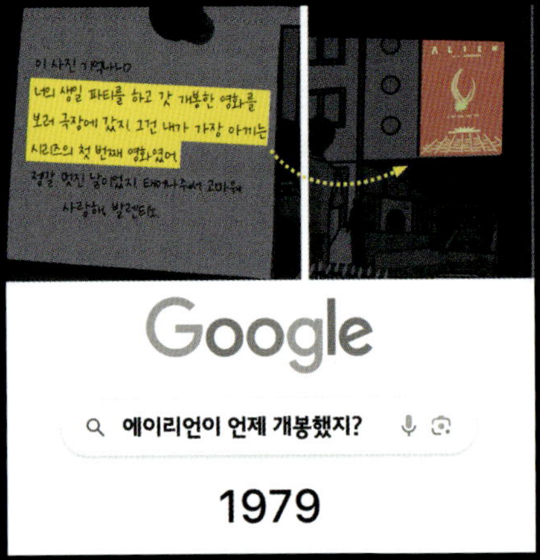

28 하지만 이 사진은 영화 <에이리언>이 개봉한 해, 즉 1979년에 찍힌 거예요.

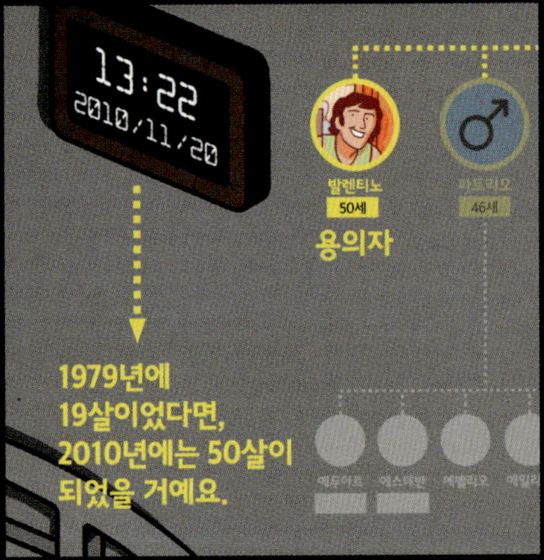

29 지금이 2010년이라면, 발렌티노는 50살입니다. 형제들 중에서 가장 나이가 많군요. 그는 세 번째 용의자입니다.

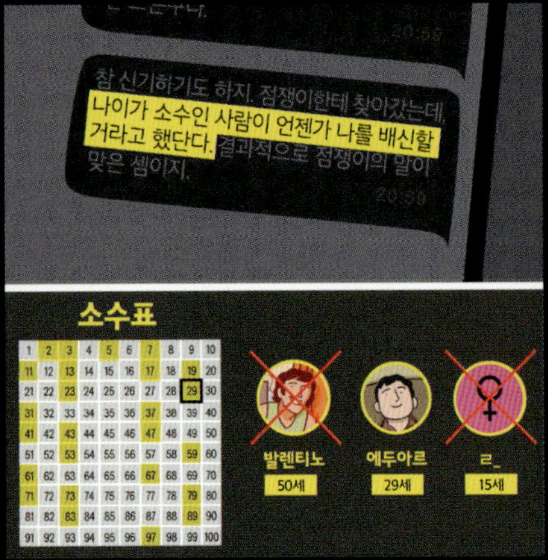

30 마지막으로, 피해자가 보낸 메시지에 따르면, 살인자의 나이는 소수일 겁니다. 발렌티노(50세), 에두아르(29세), 그리고 15세인 그의 사촌 여동생 중에서 소수의 나이를 가진 사람은 에두아르뿐입니다. 바로 그가 범인이에요.

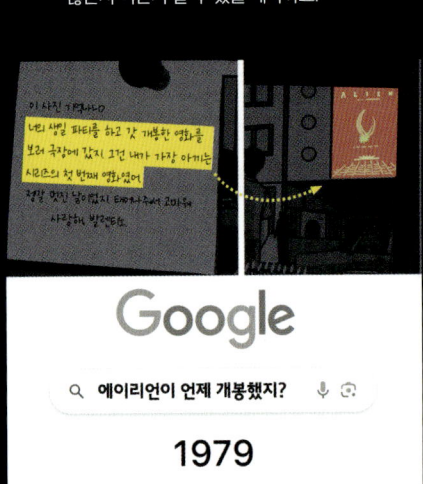

가계도의 빈칸

사건의 진실

에두아르라는 젊은이는 할머니인 돌로레스를 감언이설로 꾀어 거액의 돈을 빼돌렸다.
그는 할머니에게 '떼돈을 벌게 해줄 안전한 투자'라고 말했지만, 실제로는 사기였다. 그는 할머니에게 돈이 다시 돌아올 테니까 결실을 맺을 때까지만 기다려 달라고 했지만, 그것은 거짓말이었다. 그는 온갖 핑계를 대며 돈을 돌려줄 날을 차일피일 미루면서 할머니가 한 푼도 만지지 못한 채 하루라도 빨리 세상을 떠나기만을 기다렸다.

하지만 몇 달이 지나도록 에두아르에게서 아무 소식이 없자 초조해진 돌로레스는 돈을 돌려주지 않으면 고소하겠다고 손자에게 경고했다. 에두아르는 할머니의 입을 막기 위해 더 강력한 조치를 취해야 한다는 것을 깨달았다.

어느 날, 에두아르는 할머니가 계시던 요양원으로 찾아갔다. 그는 케이크 안에 총을 숨겨 가지고 있었다.
그는 마을 축제의 불꽃놀이가 시작될 때, 할머니와 단둘이 있을 수 있도록 미리 모든 것을 준비해 두었다.
방에 들어간 그는 케이크에서 총을 꺼내 할머니의 머리를 쏠 적절한 순간을 기다렸다.
곧 폭죽 터지는 소리가 총소리를 덮어줬기 때문에 아무도 그를 의심하지 않았다.

그런 다음 에두아르는 자살로 위장하기 위해 총을 침대 위에 올려놓았다. 여기서 한술 더 떠 할머니의 휴대전화를 잠금 해제하고 사기 투자와 관련된 모든 메시지를 삭제하여 자신에 대한 증거를 인멸하려고 했다.
그런 후 방의 불을 끄고 태연하게 요양원을 빠져나왔다.

하지만 경찰은 피해자 손 위치를 분석한 결과, 자살일 가능성이 없다고 판단했고 철저한 조사 끝에 에두아르가 살인에 연루된 사실을 밝혀냈다. 결국 그를 체포하여 재판에 넘겼다.

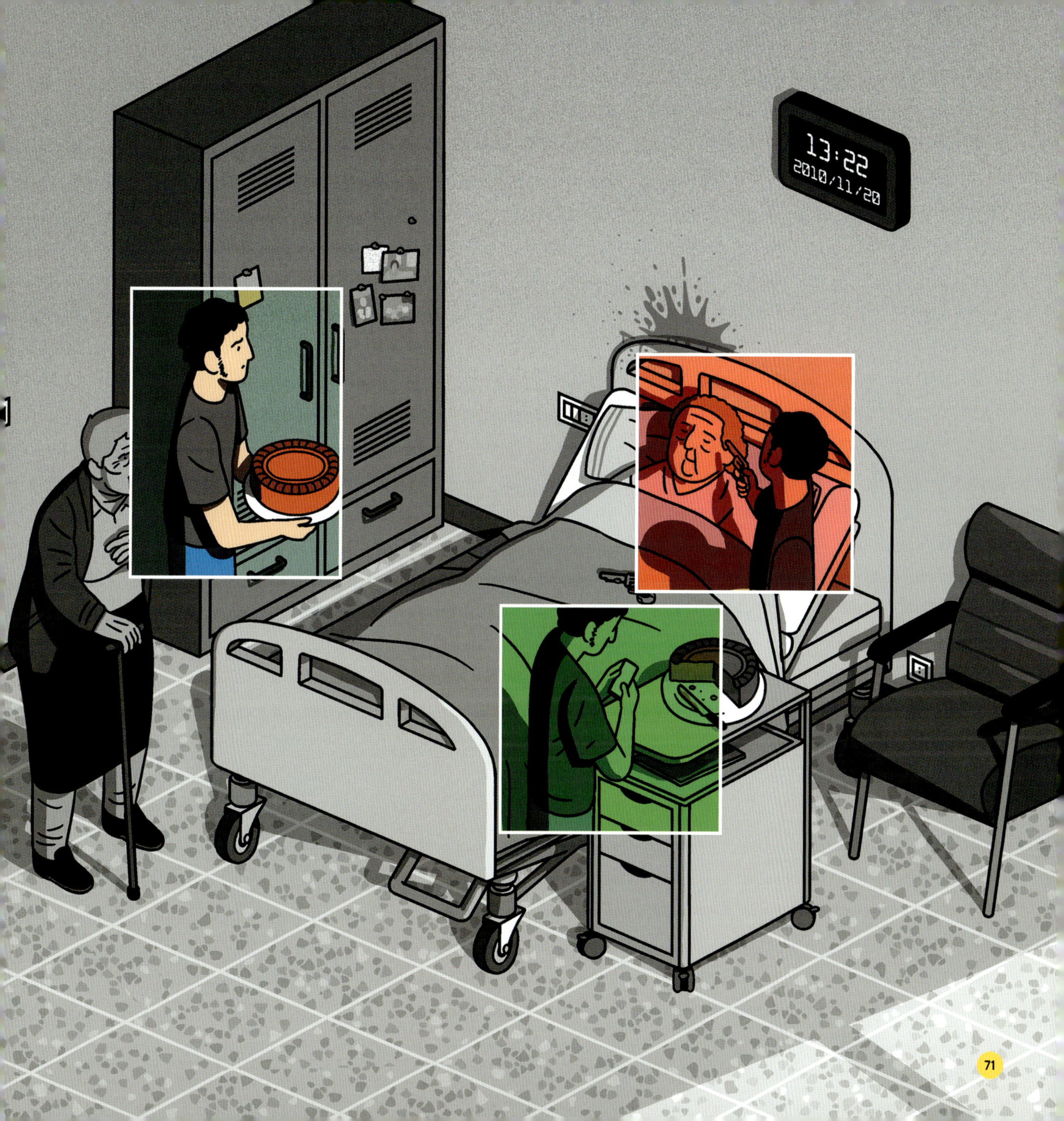
13:22
2010/11/20

CASE 05

수상한 이웃

이 아파트는 그다지 조용한 편이 아닙니다. 이웃들 사이에서 사소한 다툼이 끊이질 않거든요. 하지만 그런 일은 공동 주택에서 흔히 있으니 어쩌면 특별한 건 아닐지도 모릅니다.

하지만 어느 날 오후, 이웃 한 명이 창문으로 뛰어내릴 거라고 예상한 사람은 아무도 없었습니다. 엄청난 소리를 내며 피해자가 바닥에 떨어지자, 놀란 아파트 주민들은 창밖으로 고개를 내밀었어요. 그리고 곧 충격적인 광경을 마주했죠. 처참한 광경을 목격한 이들은 모두 경악을 금치 못했다고 입을 모아 말했어요. 하지만 정작 왜 그런 일이 벌어졌는지 아는 사람은 없었습니다. 사건을 맡은 당신은 조사 끝에 피해자가 단순히 뛰어내린 것이 아니라, 창문에서 떨어지기 직전 무언가에 세게 맞았다는 사실을 밝혀냈죠. 그리고 이제 이웃 주민들 중 한 명이 범인이라는 사실이 점점 드러납니다.

사건을 해결하는 데 걸린 시간은? 88:88

이 사건의 범인은?

그 증거는?

살해 동기는?

* 이 사건은 디즈니+ 시리즈 〈아파트 이웃들이 수상해〉의 홍보를 위해 각색한 것입니다.

피해자의 집에 들어가기 (74쪽)
이웃의 냉장고를 조사하기 (78쪽)
파나데로 거리
아이의 일기를 읽기 (75쪽)
4
이웃의 휴대전화를 확인하기 (77쪽)
이웃의 책상을 살펴보기 (76쪽)

당신의 이웃을
더 배려하다

방금 믿을 수 없는 일이 일어났다.
누군가 이웃집 다리오 아저씨네 현관문을 두드렸다.
아저씨가 문을 열었고, 그 사람을 들어오게 했다.
둘은 거실에서 이야기를 나누고 있었다. 그러더니 의자를
끄는 소리, 접시가 달그락거리는 소리가 들려왔다.
간식을 먹고 있는 것 같았다.
나는 텔레비전 소리를 줄이고 벽에 귀를 바짝 갖다 댔다.
하지만 무슨 말을 하는지 거의 알아들을 수 없었다.
그때 <한 시간, 하나의 범죄>가 시작하는 시간이 되어서
나는 벽에서 떨어져 TV를 보려고 했다.
그런데 바로 그 순간, 갑자기 무언가로 세게 때리는
소리가 났다. 나는 다시 벽에 귀를 대 봤지만
아무 소리도 들리지 않았다.
잠시 후, 또다시 훨씬 큰소리가 났다.
게다가 건물 밖에서도 이상한 소리가 들렸다.
나는 조심스럽게 창문을 열어봤다.
길거리를 내려다보니 다리오 아저씨가
바닥에 쓰러져 있었다. 꼼짝도 하지 않았다.
아마... 죽은 것 같았다.
나는 서둘러 현관문으로 달려갔다.
까치발로 구멍을 통해 밖을 살펴보았는데,
어떤 사람의 그림자가 우리 집 문 앞을
스쳐 지나갔다.

그 사람은 빠르게 계단을 내려가버려서
불행히도 내가 볼 수 있었던 건 검은색 머리뿐이었다.
방금 탐정이 도착했다. 범인은 누구일까?
너무 궁금하다. 만약 내가 탐정이라면,
아랫집 아저씨부터 조사할 거다.
사실 얼마 전에 다리오 아저씨가 그 집 개를 발로 찼다.
아랫집 아저씨는 그때부터 다리오 아저씨에게
복수하겠다고 벼르고 있었다.

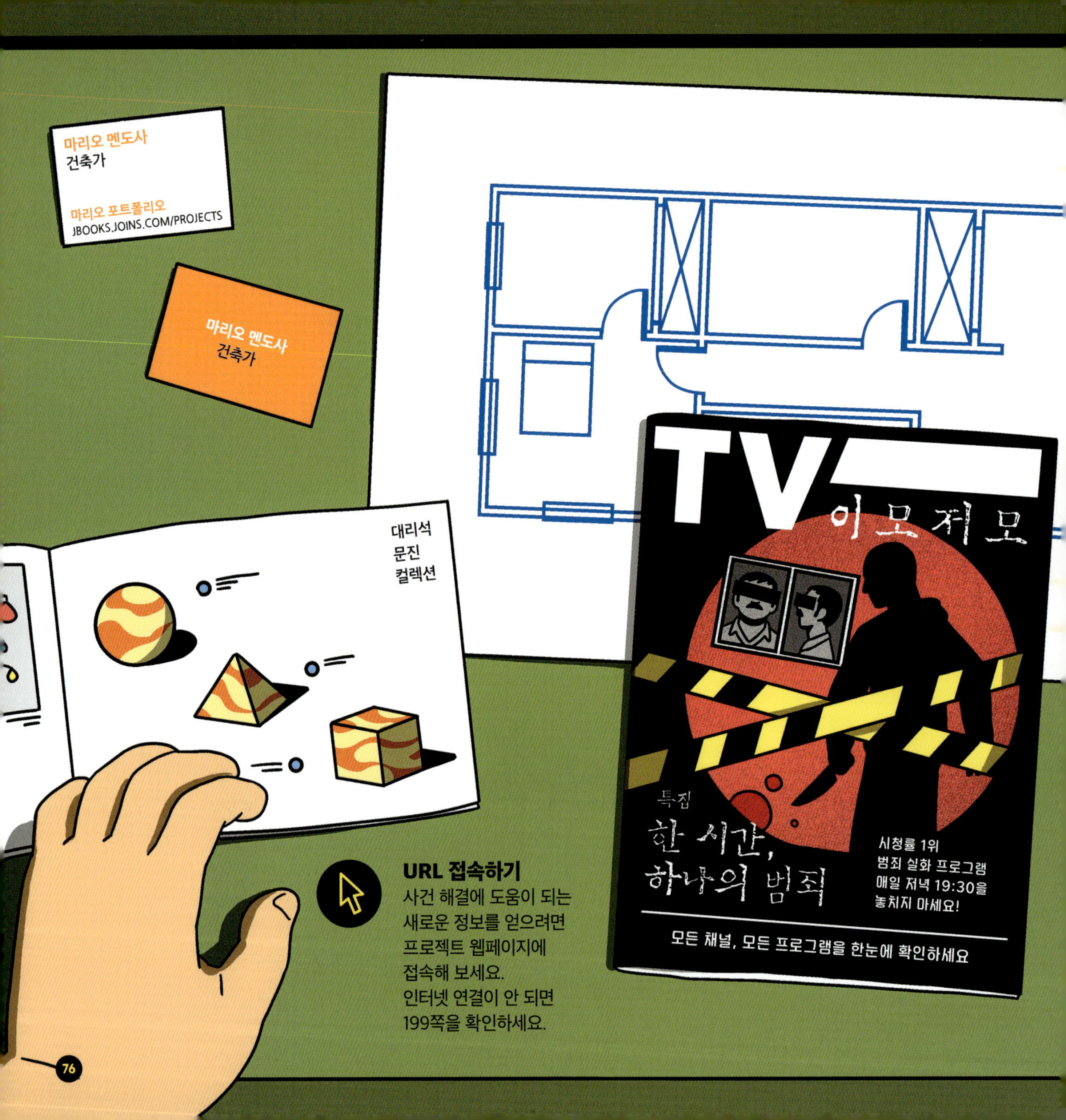

마리오 멘도사
건축가
마리오 포트폴리오
JBOOKS.JOINS.COM/PROJECTS
마리오 멘도사
건축가
대리석
문진
컬렉션
TV 이모저모
특집
한 시간, 하나의 범죄
시청률 1위
범죄 실화 프로그램
매일 저녁 19:30을
놓치지 마세요!
모든 채널, 모든 프로그램을 한눈에 확인하세요

URL 접속하기

사건 해결에 도움이 되는 새로운 정보를 얻으려면 프로젝트 웹페이지에 접속해 보세요.
인터넷 연결이 안 되면 199쪽을 확인하세요.

새 메일 1개
rrhhinfluencexx@gmail.com
계단에서 바퀴벌레를 해부하고 있는 섬뜩한 여자아이를 봤어. 우리 아파트 사는 앤데 무서워 죽겠어.
18:00
Jim G
일몰
19:31
Tristan Alba
Choco Rixx, 성분 표시 좀 똑바로 해줘! 견과류가 들어간 초코바인 줄도 모르고 거의 다 먹을 뻔했잖아. 만약 문제 생기면 책임질 거야? 견과류 알레르기 있는 사람은 어쩌

경찰서 제출용
고발장 사본
고발 사건 개요
고발인은 배달원이 문 앞에
두고 간 택배 상자를 이웃 주민이
여러 차례에 걸쳐 무단으로
가져갔다고 주장합니다.
도난당한 물품 중 일부로는 라켓,
양말, 그리고 노란색 꽃병 등이
있습니다. 특히 꽃병은 고가의
물건으로 피해 금액이 상당합니다.
이에 본 사건에 대한 철저한
조사와 법적 절차를 요청드립니다.
골든 캐러멜 월넛
아이스크림 케이크
레시피는 뒷면에 있음

사건의 실마리

이 사건을 해결하기 위해 굳이 여기 나온 단서를 읽을 필요는 없습니다. 하지만 당신의 추리가 미궁에 빠져 있다면, 아래의 단서가 도움이 될 것입니다. 그렇지만 한꺼번에 다 읽으려고 하지는 마세요. 어쩌면 하나의 단서만으로도 수수께끼를 풀 수 있는 열쇠를 찾을지 모르니까요. 그럼 행운을 빌어요!

단서 1

범인이 피해자를 공격하기 전에 둘이 어떤 음식을 함께 먹었는지 알아내면 몇몇 이웃 주민을 용의선상에서 제외할 수 있어요. 먼저 테이블 위에 있는 술병은 이웃 중 한 명이 마시고 있던 와인 병과 같은 모양이군요. 그리고 케이크도 이 이웃집 여자의 냉장고에 있는 것과 같아요. 이 점을 고려하면서 그 와인과 케이크를 먹을 수 없는 사람들을 찾아보세요.

단서 2

조사 중 발견된 메일 주소로 이메일을 보내면 답장을 받을 수 있어요. 이메일을 보낸 사람의 성은 이 사건을 해결하는 데 있어 중요한 단서입니다.

단서 3

건축가의 설계 도면에 따르면 이 건물은 동향입니다. 해는 동쪽에서 뜨기 때문에 도면에 따르면 오전 시간에는 빛이 잘 든다고 하네요. 이는 범인을 찾는 데 아주 중요한 단서가 될 것입니다.

사건 해결

사건 현장을 자세히 살펴보고, 사건이 어떻게 일어났는지 알아봅시다.

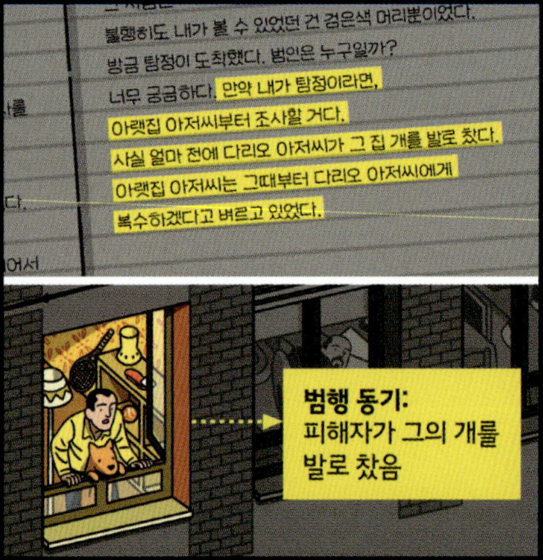

1 언뜻 보기에는 이웃 주민 모두에게 피해자를 살해할 동기가 있는 것 같습니다. 여자아이의 일기에 따르면, 어느 이웃 주민은 피해자가 자기 개를 발로 찼기 때문에 그에게 앙심을 품었다고 하네요.

2 다른 이웃이 고발한 내용에 따르면, 누군가가 자신의 택배 상자를 훔쳐갔다고 하네요. 그런데 도난당했다는 물건이 이 남자의 집 선반에 보이는 것과 정확히 일치하는군요. 그가 도둑입니다.

3 이웃집 여자는 우연히 피해자가 도난당한 것과 똑같은 양말을 신고 있는 것을 보고 그를 도둑이라고 오해했을 수도 있어요. 과연 그것이 범행 동기가 될 수 있을까요?

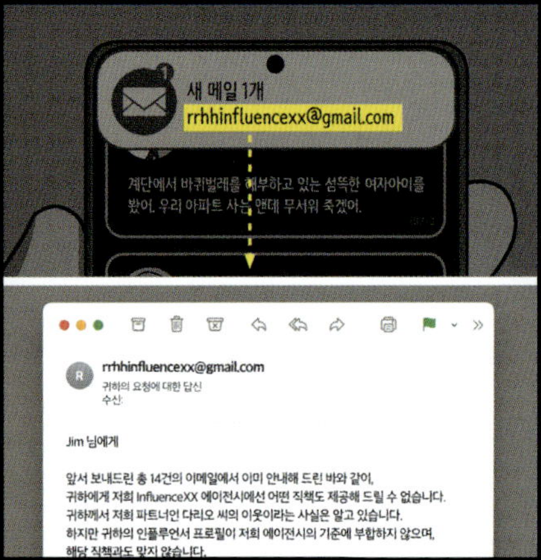
새 메일 1개
rrhhinfluencexx@gmail.com
계단에서 바퀴벌레를 해부하고 있는 섬뜩한 여자아이를 봤어. 우리 아파트 사는 앤데 무서워 죽겠어.
rrhhinfluencexx@gmail.com
귀하의 요청에 대한 답신
수신:
Jim 님에게
앞서 보내드린 총 14건의 이메일에서 이미 안내해 드린 바와 같이,
귀하에게 저희 InfluenceXX 에이전시에선 어떤 직책도 제공해 드릴 수 없습니다.
귀하께서 저희 파트너인 다리오 씨의 이웃이라는 사실은 알고 있습니다.
하지만 귀하의 인플루언서 프로필이 저희 에이전시의 기준에 부합하지 않으며,
해당 직책과도 맞지 않습니다.

4 한편 용의자 중 한 명의 휴대전화에 있는 메일 주소로 이메일을 보내면 답장을 받을 수 있어요.

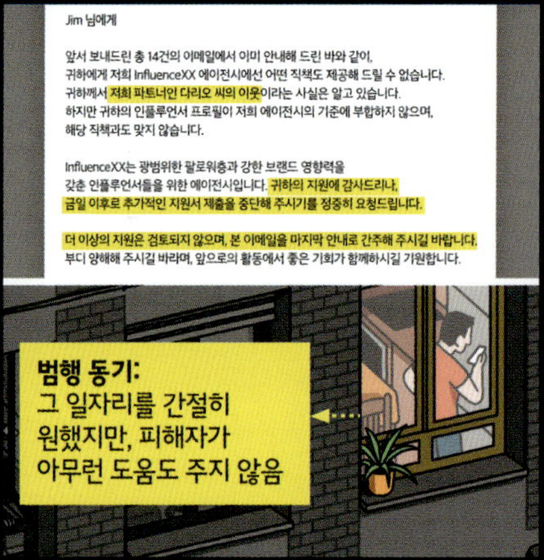
Jim 님에게
앞서 보내드린 총 14건의 이메일에서 이미 안내해 드린 바와 같이,
귀하에게 저희 InfluenceXX 에이전시에선 어떤 직책도 제공해 드릴 수 없습니다.
귀하께서 저희 파트너인 다리오 씨의 이웃이라는 사실은 알고 있습니다.
하지만 귀하의 인플루언서 프로필이 저희 에이전시의 기준에 부합하지 않으며,
해당 직책과도 맞지 않습니다.
InfluenceXX는 광범위한 팔로워층과 강한 브랜드 영향력을
갖춘 인플루언서들을 위한 에이전시입니다. 귀하의 지원에 감사드리나,
금일 이후로 추가적인 지원서 제출을 중단해 주시기를 정중히 요청드립니다.
더 이상의 지원은 검토되지 않으며, 본 이메일을 마지막 안내로 간주해 주시길 바랍니다.
부디 양해해 주시길 바라며, 앞으로의 활동에서 좋은 기회가 함께하시길 기원합니다.
범행 동기:
피해자가 그의 개를
피해자가 자신의 물건을
훔쳐간 것으로 오해함
그 일자리를 간절히
원했지만, 피해자가
아무런 도움도 주지 않음

5 그렇다면 이 남자는 피해자가 일하는 회사에 취직시켜 달라고 수차례 부탁했지만, 회사 측에서 이를 거절했다는 것을 알 수 있어요. 어쩌면 이것이 범행을 저지른 동기가 될 수도 있겠네요.

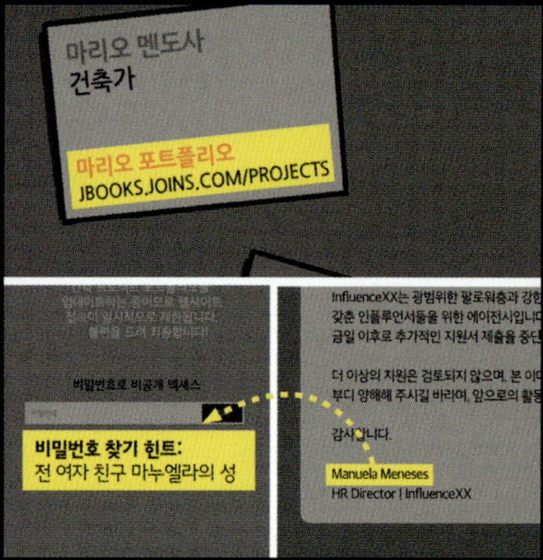

비밀번호로 비공개 액세스
비밀번호 찾기 힌트:

6 건축가의 범행 동기를 찾으려면 먼저 그의 개인 웹사이트에 접속해야 합니다. 이를 위해서는 비밀번호를 입력해야 해요. 비밀번호는 전 여자친구인 마누엘라의 성입니다.

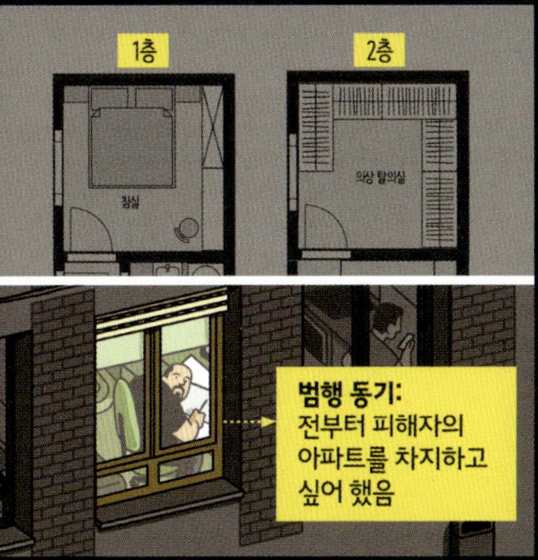

7 건축가의 웹사이트를 둘러본 결과, 그가 예전부터 피해자의 아파트를 차지하여 복층을 짓고 싶어 했다는 사실을 알게 되었습니다. 그것이 그의 범행 동기인 셈이죠.

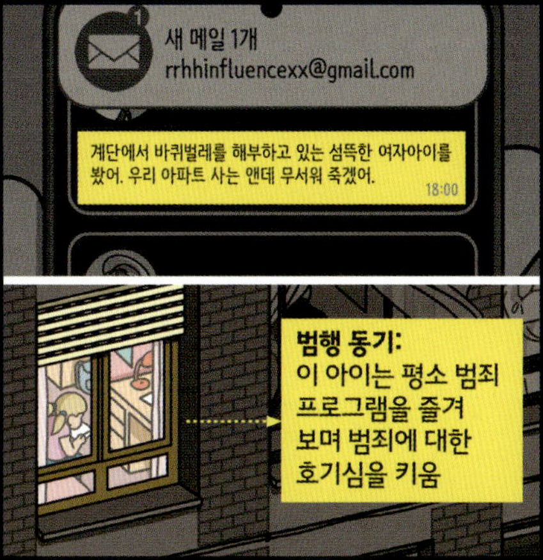

8 심지어는 그 여자아이가 살인범일 수도 있습니다. 인플루언서 지망생의 소셜 미디어 계정에 따르면, 꽤 '섬뜩한' 아이였다고 해요.

9 이제 용의자들을 한 명씩 제외해 보겠습니다. 여자아이는 피해자와 범인이 충돌하기 전에 간식 먹는 소리를 들었다고 썼어요. 실제로 피해자의 집에서는 먹다 남은 음식이 발견되었죠.

10 옆집 여성의 냉장고에 붙어 있는 쪽지를 보면 알 수 있듯이, 그건 아이스크림 케이크입니다. 아직 녹지 않은 것으로 보아 사건이 벌어지기 전에 먹은 간식은 바로 그 아이스크림 케이크였을 것입니다.

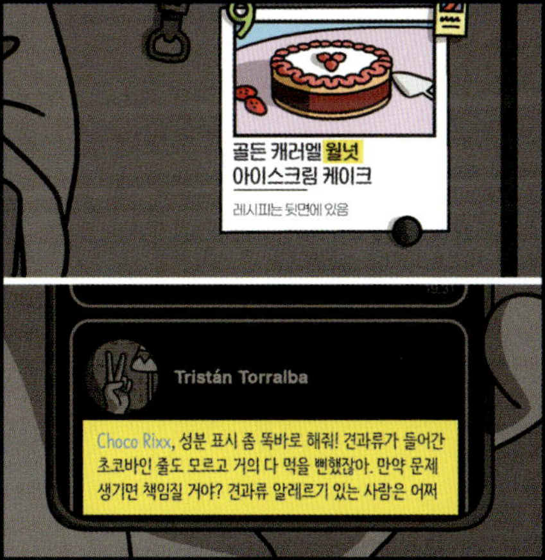

11 케이크이 이름을 보면 월넛(호두)이 들어 있네요. 그리고 인플루언서 지망생의 휴대전화 SNS에는 견과류 알레르기가 있다고 말하는 누군가의 게시물이 보여요.

12 프로필 사진을 자세히 보면 개를 기르는 이웃의 계정이라는 것을 알 수 있어요. 벽지와 스탠드가 일치하죠.

사건 해결

13 그렇다면 그가 호두가 들어간 아이스크림 케이크를 먹었을 리는 없겠죠. 따라서 그를 용의선상에서 제외할 수 있어요.

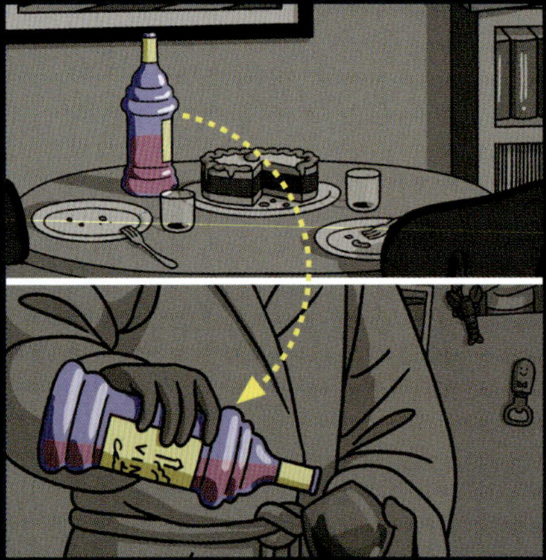

14 한편 피해자의 테이블 위에 특이한 모양의 병이 하나 있어요. 그것은 이웃집 여자가 들고 있는 것과 같은 병인데, 그것이 와인 병이라는 것을 쉽게 알 수 있습니다.

15 따라서 여자아이도 용의선상에서 제외할 수 있어요. 아이한테 와인을 주는 사람은 아무도 없을 테니까요.

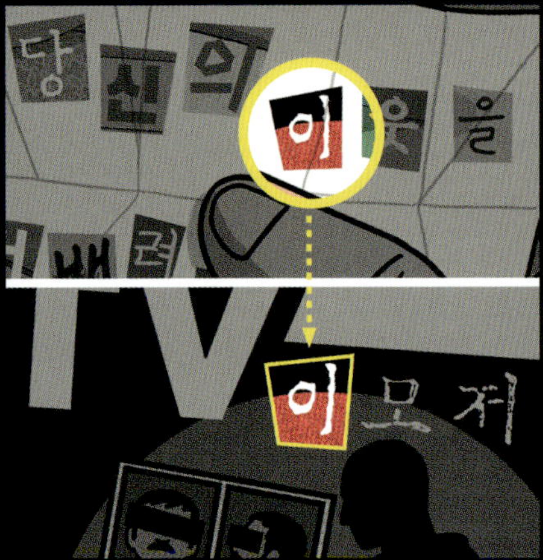

16 피해자가 받은 익명의 협박 편지 덕분에 또 다른 이웃도 용의선상에서 배제할 수 있어요. 자세히 살펴보면, 편지의 일부 글자가 건축가의 책상에 있는 잡지의 서체와 일치하네요.

17 건축가의 잡지에서 잘라낸 곳이 없기 때문에 그가 익명의 편지를 보낸 것이 아닙니다. 따라서 건축가도 용의자에서 제외할 수 있겠죠.

18 여자아이 덕분에 또 다른 중요한 단서를 얻었어요. 범인은 검은색 머리였습니다. 냉장고 앞에 있는 여자는 수건으로 감싸고 있어서 머리 색을 알 수 없어요. 하지만 다른 곳에 단서가 있습니다.

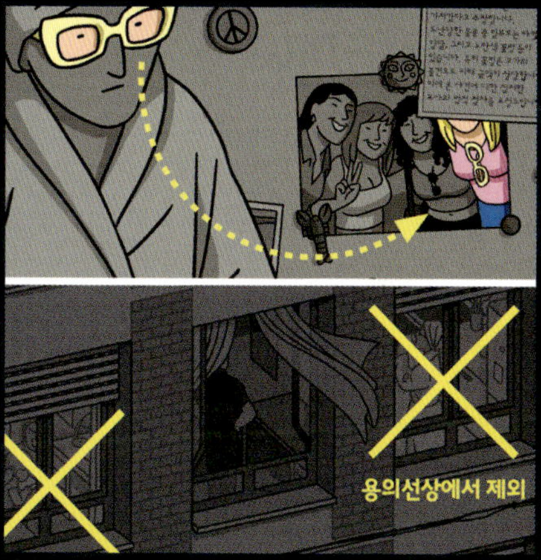

19 냉장고 문에 붙어 있는 사진을 보면 여자와 같은 안경을 쓴 사람은 금발이군요. 따라서 그녀 또한 용의자에서 배제할 수 있습니다.

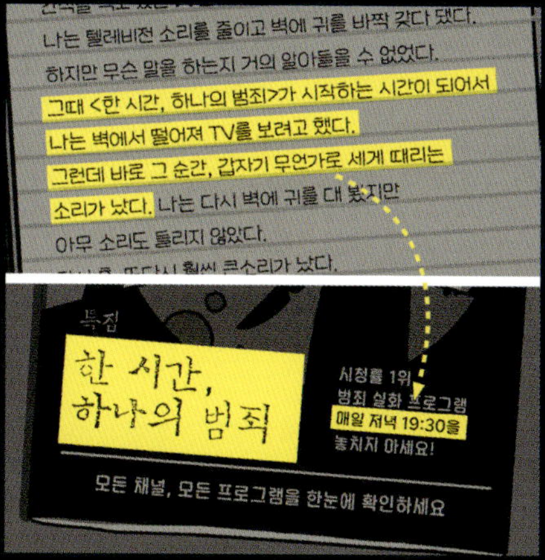

20 여자아이의 일기에 따르면, 사건은 자기가 가장 좋아하는 프로그램이 시작될 때 일어났다고 합니다. 건축가의 잡지 표지에 그 프로그램이 저녁 7시 30분에 시작한다고 나와 있죠.

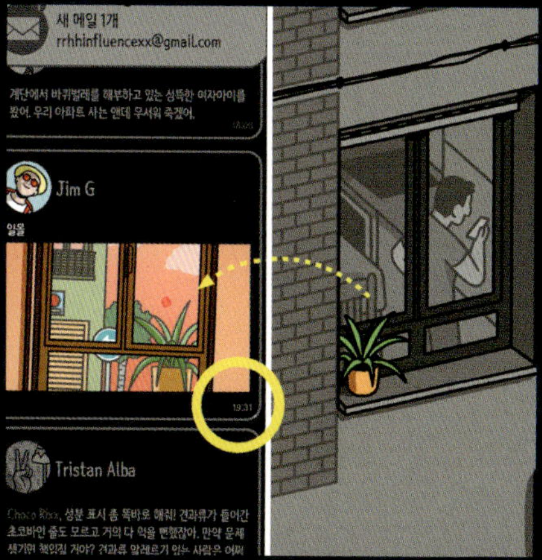

21 바로 그 시간에, 이웃에 사는 인플루언서 지망생이 자기 집의 창문에서 찍은 일몰 사진을 SNS에 올렸습니다. 같은 식물이 사진에 나오죠. 그렇다면 그 역시 용의선상에서 제외할 수 있습니다.

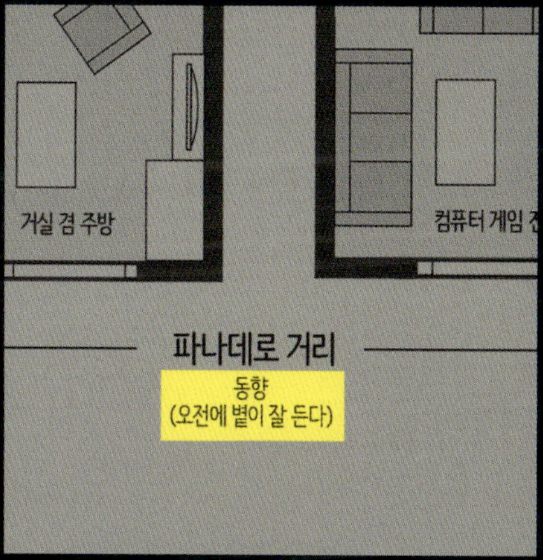

22 그런데 건축가의 설계 도면에 따르면, 건물의 창문들이 해가 뜨는 동쪽을 향하고 있어 아침에는 볕이 잘 든다고 하네요.

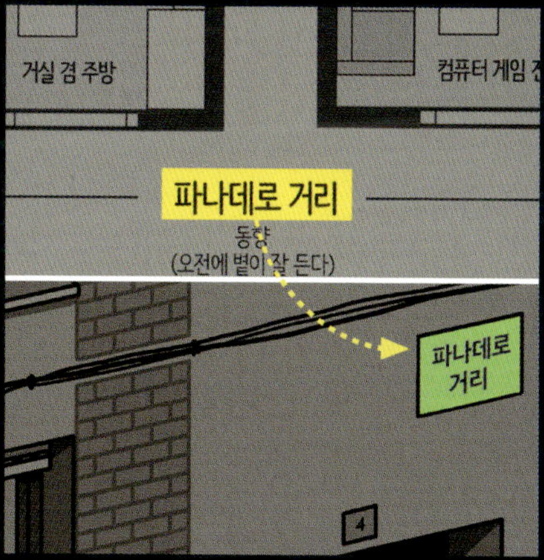

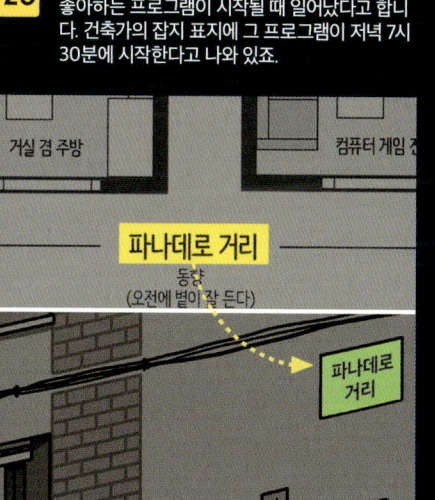

23 아파트 외벽에 붙어 있는 도로 표지판에 설계 도면의 거리 이름이 나오는군요. 따라서 도면의 건물이 바로 이 아파트라는 것을 알 수 있습니다.

24 그렇다면 인플루언서가 오후 7시 30분에 찍은 사진에 어떻게 해가 하늘에 떠 있을 수 있을까요? 해는 건물 앞이 아니라 건물 뒤에 있어야 합니다. 따라서 이 사진은 일몰이 아니라 일출 사진이 분명합니다.

사건 해결

25 인플루언서 지망생은 알리바이를 꿰맞추기 위해 SNS에 거짓 사진을 올린 것이죠. 사실 위층에서 이웃을 살해한 것은 바로 그 사람이었습니다.

26 마지막으로 살인에 사용된 흉기를 찾으려면 피해자의 집을 잘 살펴봐야 할 거예요. 책장 선반에 피라미드 도형이 보이죠? 건축가의 집 테이블 위에 펼쳐진 책에 나오듯이, 그것은 세 개의 대리석 문진으로 이루어진 컬렉션의 하나입니다.

27 세 개의 문진들 중 하나는 개를 기르는 주민의 집에서 발견되었습니다. 그가 피해자의 집에서 문진 하나를 훔쳐 갔던 것이죠. 따라서 범행에 사용된 흉기는 나머지 한 개일 수밖에 없습니다. 물론 살인범이 증거 인멸을 위해 이미 어딘가에 버렸을 겁니다.

ENA DEL CRIMEN · NO PASAR · ESCENA DEL CRIMEN
NA DEL CRIMEN · NO PASAR · ESCENA DEL CRIMEN · NO PASAR · ESCENA DEL CRIMEN
DEL CRIMEN

수상한 이웃

사건의 진실

소셜 미디어에 관심이 많던 한 젊은이는 인플루언서가 되고 싶었고, 이 분야에서 가장 잘나가는 기업에서 일하고 싶어 했다. 그런데 공교롭게도 아파트 위층에는 그 회사에서 중요한 직책을 맡고 있는 사람이 살고 있었다. 젊은이는 여러 차례 그를 찾아가 간절히 채용을 부탁했다. 하지만 이웃은 단 한 번도 그에게 도움을 주지 않았다. 오히려 그가 그토록 원하는 기회를 끝까지 주지 않으려는 듯 보였다. 이웃의 냉담한 태도는 그를 분노하게 만들었다. 결국 그는 '이웃'을 더 배려하라는 익명의 협박 편지까지 보냈다.

며칠 후, 젊은이는 마지막으로 이웃을 설득하기 위해 그의 집으로 올라갔다. 이웃은 젊은이를 안으로 들어오게 했고 아이스크림 케이크와 와인을 대접했다. 하지만 결과는 변함없었다. 이번에도 그의 부탁은 거절당했다. 순간, 젊은이의 인내심은 한계를 넘어서고 말았다. 격분한 나머지 책장 선반에 놓여 있는 묵직한 문진을 집어 들고 이웃의 머리를 강하게 가격했다. 둔탁한 소리가 방 안에 울려 퍼졌다.

일을 저지른 그는 알리바이가 필요하다는 것을 깨달았다. 그래서 서둘러 스마트폰을 꺼내 그날 아침 자신의 창문에서 찍은 사진을 SNS에 올렸다. 마치 사건 당시 집에 있었다는 듯 꾸미기 위해서였다. 하지만 그것만으로는 충분하지 않았다. 그는 자살이나 사고사처럼 위장하기 위해 아파트 창문을 열고 축 늘어진 피해자의 몸을 번쩍 들어 아래로 밀어 떨어뜨렸다. 그런 다음 신속하게 사건 현장을 벗어나 범행 도구인 문진을 처리했다. 그렇게 모든 것이 완벽할 줄 알았다. 하지만 그는 한 가지 치명적인 사실을 모르고 있었다. 피해자의 옆집에 사는 여자아이가 문 두드리는 소리와 뭔가 부딪치는 소리뿐만 아니라 자기가 달아나는 뒷모습까지 목격한 것이다.

탐정은 아이의 일기와 여러 단서를 면밀히 분석하여 수사를 진행했다. 다른 아파트 주민들을 하나씩 용의선상에서 배제한 끝에, 그 젊은이가 유일한 범인이라는 결론에 도달했다. 게다가 그가 자신의 SNS에 올린 사진이 그가 주장한 시간과는 달리 일몰이 아닌 일출 때 찍은 사진임이 밝혀졌다. 거짓 알리바이는 순식간에 무너졌고 범인은 즉시 체포되었다.

파나데로
거리
4

CASE **06**

핼러윈 파티에서 일어난 폭발

핼러윈 밤, 요거트 브랜드 야오야오 매장에서 화려한 코스튬 파티가 열렸습니다. 달콤한 요거트와 흥겨운 음악이 파티 분위기를 더욱 고조시켰죠. 그러나 아무도 예상치 못한 일이 벌어졌습니다. 파티가 한창 무르익을 즈음, 갑자기 엄청난 폭발음이 매장을 뒤흔든 것이죠. 사람들은 깜짝 놀랐고, 요거트가 사방으로 튀면서 가게 내부는 순식간에 아수라장이 되었습니다.

폭발한 것은 다름 아닌 요거트 냉동 기계였어요. 누군가 기계를 폭발시켜 파티를 완전히 망쳐버린 것이죠. 단순한 실수였을까요, 아니면 계획적인 범죄일까요? 범인은 이미 이 안에 있습니다. 누가 왜 이런 짓을 했는지 수사를 시작해보세요.

사건을 해결하는 데 걸린 시간은? 88:88

이 사건의 범인은?

그 증거는?

살해 동기는?

*이 사건은 브랜드 '야오야오'와 공동으로 제작한 것입니다.

점원과 대화하기 (90쪽)
CCTV를 조사하기 (92쪽)
직원용
llaollao.
휴지통을 열어보기 (94쪽)
llaollao.
이 휴대전화를 확인하기 (93쪽)

타리나
사눔™
llaollao.
다니엘
llaollao.

점원의 진술

매장 직원이 사고 당시 상황에 대해 말하는군요.
그의 진술을 들으면 새로운 단서를 찾을 수 있을 거예요.

세상에, 얼마나 무서웠는지 몰라요! 갑자기 엄청난 폭발음이 매장을 뒤흔들었어요.
그 순간 저는 마침 매장 밖에 있었어요. 그런데도 엄청난 폭발음이 들렸어요.
진짜 귀가 멍멍해질 정도였다니까요.

아, 제가 밖에 있었던 건 폭발 직전에 사눔™을 먹은 한 남자아이가
갑자기 속이 안 좋다고 해서 제가 그 애를 밖으로 데리고 나왔기 때문이에요.
입고 온 의상이 너무 더워 보여서 시원한 바람을 쐬게 하려고요.
그런데 바로 그때, '쾅!' 하는 소리가 들린 거죠.
다들 깜짝 놀라서 도대체 무슨 일인지 확인하려고 모두 안으로 뛰어 들어갔어요.

그런데 보세요, 누군가 요거트 기계가 있는 매장 뒤편으로 몰래 들어간 게 확실해요!
그곳은 외부인 출입 제한 구역이에요. 그런데 제가 잠시 자리를 비운 틈을 타서,
애들 중 누군가가 몰래 들어가 기계 안에 폭죽을 잔뜩 넣고 터트린 거죠.

이건 정말 끔찍해요. 파티 분위기를 완전히 망쳐버렸잖아요.
도대체 누구 짓인지 꼭 밝혀내야 해요!

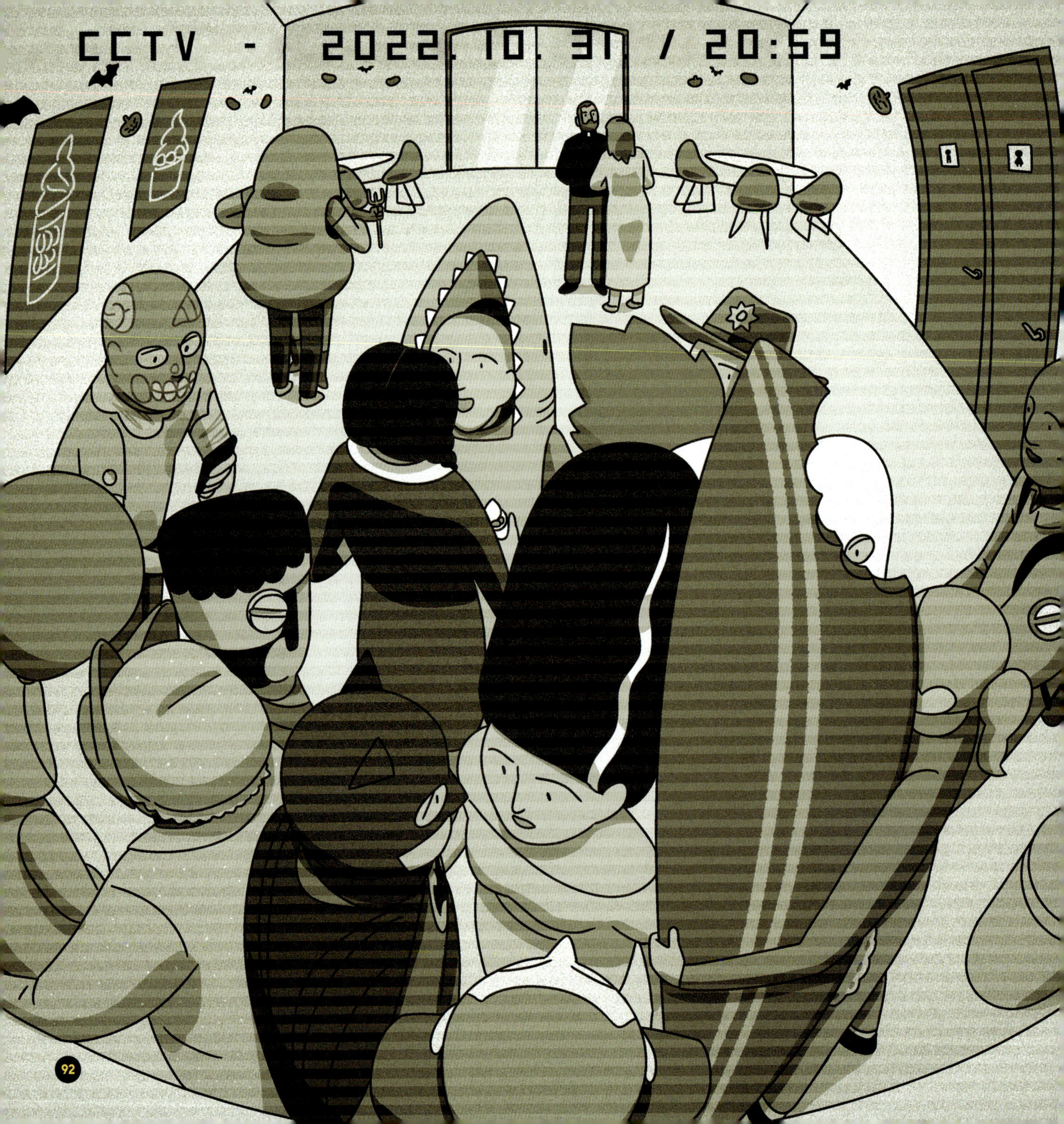
CCTV - 2022. 10. 31. / 20:59

헬러윈 파티
4
모두 암호를 풀었다고 알고 있어. 그러니까 여기 몰래 들어온 사람들이 있다는 거지. 18:44
누군가 내 주머니에 쪽지를 넣었는데, 거기에 "나를 초대하지 않았으니 평생 후회하게 만들어 줄 테다"라고 쓰여 있지 뭐야. ㅎㅎㅎ 이 세상엔 정말 할 일 없는 인간들이 많다니까. 19:34
제이나
ㅋㅋㅋㅋ 19:34
다들 지금 어디 있어? 20:59
제이나
화장실. 이제 나갈 거야. 20:59
라울
우리 둘은 밖에서 담배 피우고 있어. 여기 정말 난리도 아니야. 어떤 사람이 반쯤 기절해서 쓰러져 있다니까. 열사병이나 뭐 그런 거겠지. 20:59

HALLOWEEN
IN LLAOLLAO
여러분을 신나는 핼러윈 파티에 초대합니다!
(시간과 장소는 뒷면을 확인하세요. 용기가 있다면!)
코스튬 파티라는 걸 잊지 마세요!
하지만 단순한 핼러윈 테마만으로는 부족해요.
이 파티에는 특별한 규칙이 있습니다.
아래 암호를 풀어야만 규칙을 확인할 수 있어요.
과연 여러분은 이 미스터리한 암호를 해독할 수 있을까요?
자 명단
에트리스 (주최자)
오 로드리게스
말도나도
오 트리고
아스 마르케스
캄파냐
비오 보레고
드리게스
스 로페스
에스 소리아
팔라시오
만사
멘도사
레스
기레
아 베가
고메스
온세
랄레스
스케스

사건의 실마리

이 사건을 해결하기 위해 굳이 여기 나온 단서를 읽을 필요는 없습니다. 하지만 당신의 추리가 미궁에 빠져 있다면, 아래의 단서가 도움이 될 것입니다. 그렇지만 한꺼번에 다 읽으려고 하지는 마세요. 어쩌면 하나의 단서만으로도 수수께끼를 풀 수 있는 열쇠를 찾을지 모르니까요. 그럼 행운을 빌어요!

단서 1

초대장의 암호를 해독하려면 각 상징이나 그림이 개념을 나타내는 영어 단어의 첫 글자를 생각해 보세요.

단서 2

시계가 멈춘 시간을 알아내려면 다소 헷갈릴 수 있을 거예요. 지금은 시계가 뒤집혀 떨어진 채 유리에 반사되어 있는 상태예요. 먼저 머릿속으로 열쇠 구멍이 위를 향하도록 시계를 놓은 다음 시계를 거꾸로 뒤집어 정면에서 바라봐야 하겠죠.

단서 3

폭발 사고가 일어난 시간은 이 사건을 해결하는 데 매우 중요합니다. 이 단서를 찾고 나면, 단체 대화방을 확인해 보세요. 거기서 범죄와 무관한 초대 손님들의 알리바이를 최대 다섯 개까지 발견할 수 있을 거예요.

사건 해결

사건 현장을 자세히 살펴보고, 사건이 어떻게 일어났는지 알아봅시다.

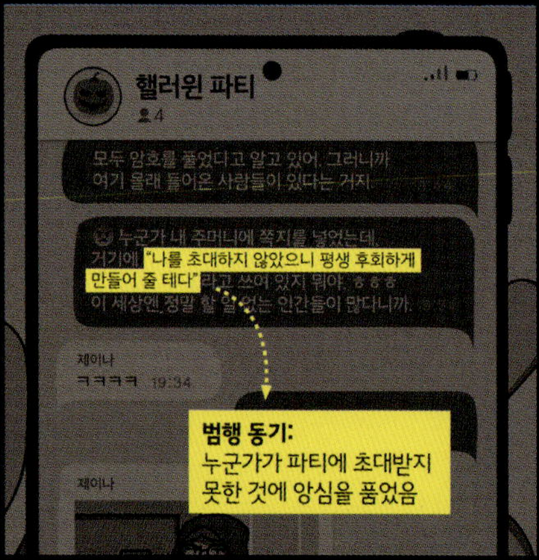

1 단체 대화방에서 파티 주최자는 누군가로부터 협박 편지를 받았다고 말합니다. 파티에 초대받지 못해 화가 난 사람의 소행이겠죠. 그렇다면 범행 동기는 이미 밝혀진 셈입니다.

2 수수께끼를 풀려면, 초대장의 암호를 해독해야 합니다. 이를 위해서 우리는 각 그림이나 상징의 개념을 나타내는 영어 단어의 첫 글자를 사용할 거예요. 예를 들어, 고양이는 'C'로 바꾸면 되겠죠.

완성된 메시지:
DRESS CODE:
COUPLE COSTUME
HALLOWEEN
IN LLAOLLAO

3 이제 초대장의 암호를 해독할 수 있습니다. 완성된 메시지에서 그 파티가 커플 코스튬 파티라는 중요한 단서를 얻을 수 있어요.

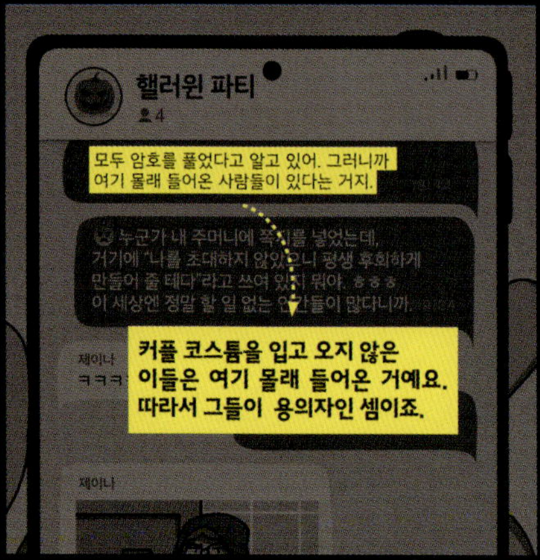

4 휴대폰 단체 대화방을 보면 초대된 손님들은 모두 암호 메시지를 해독했지만, 초대장을 받지 못해 파티 복장 규정을 모른 채 몰래 들어온 사람들도 있다는 내용을 읽게 됩니다.

5 파티에 참석한 사람들을 세어 보면 모두 24명이라는 것을 알 수 있어요.

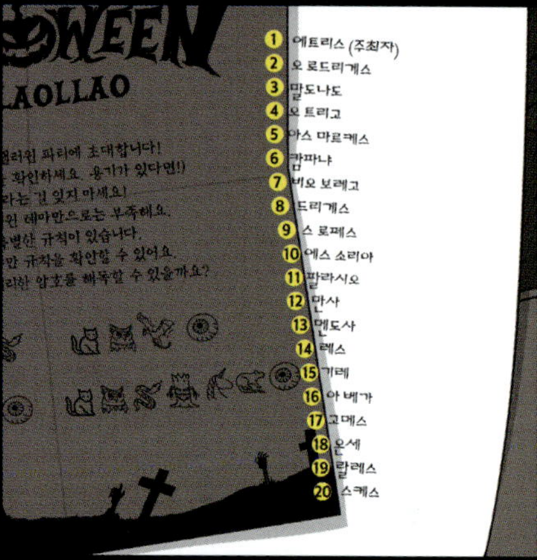

6 초대 손님 명단에는 20명만 나와 있습니다. 그렇다면 4명이 초대도 받지 않고 몰래 들어왔다는 뜻이겠죠.

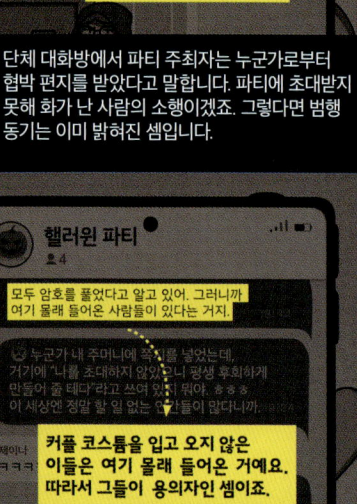

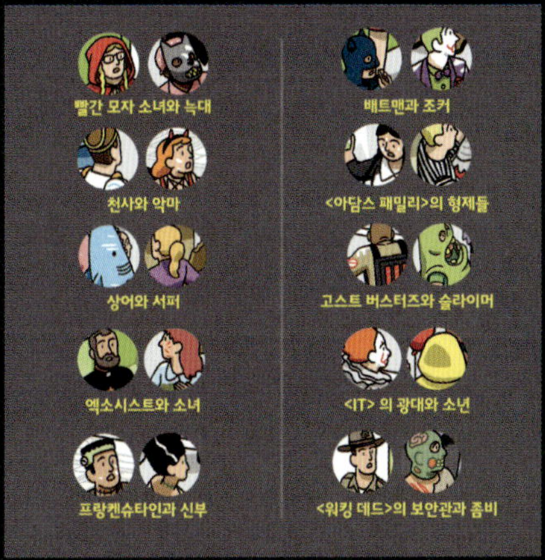

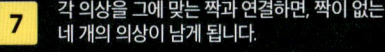

7 각 의상을 그에 맞는 짝과 연결하면, 짝이 없는 네 개의 의상이 남게 됩니다.

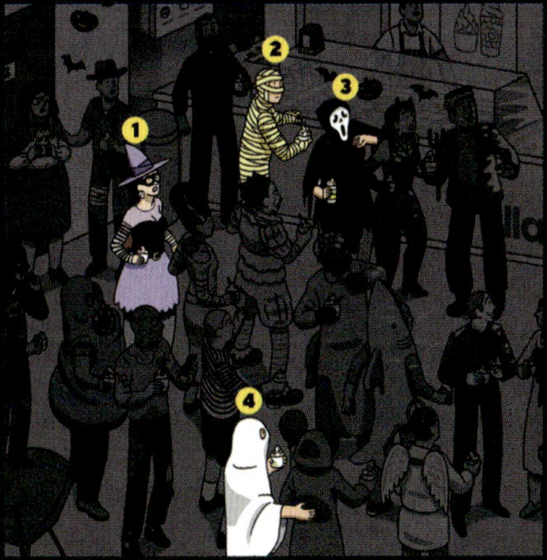

8 커플 코스튬이 아닌 네 명의 용의자는 마녀, 유령, 미라 그리고 <스크림>의 고스트페이스입니다. 그렇다면 그들 중 누가 범인일까요?

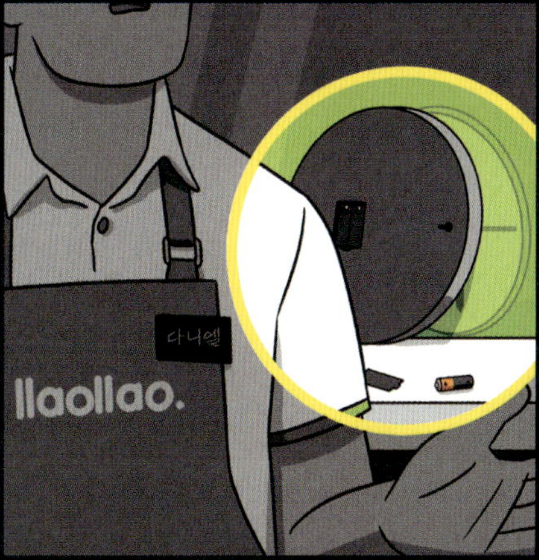

9 조사를 계속하려면, 폭발의 여파로 벽시계가 떨어지고 건전지 하나가 빠졌다는 점에 주목해야 합니다. 시계가 멈춘 시간이 폭발이 일어난 시간일 테니까요.

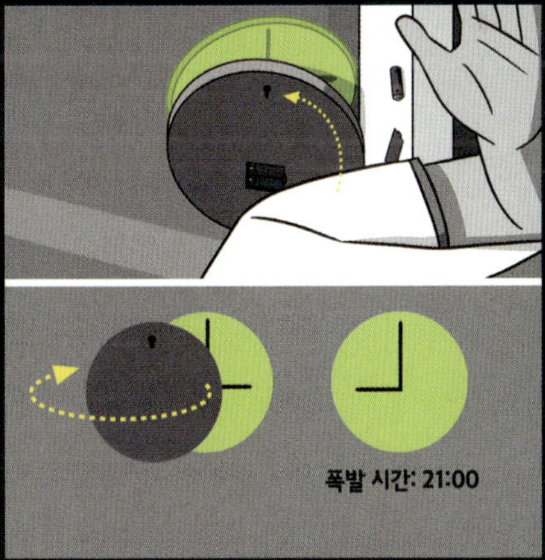

10 눈에 비친 것은 유리에 반사된 모습이기 때문에, 정확한 시간을 알려면 이를 뒤집어 봐야 해요. 또한 시계를 다시 원래 자리로 돌려놓는다면 폭발이 일어난 시간은 21시라는 것을 알 수 있어요.

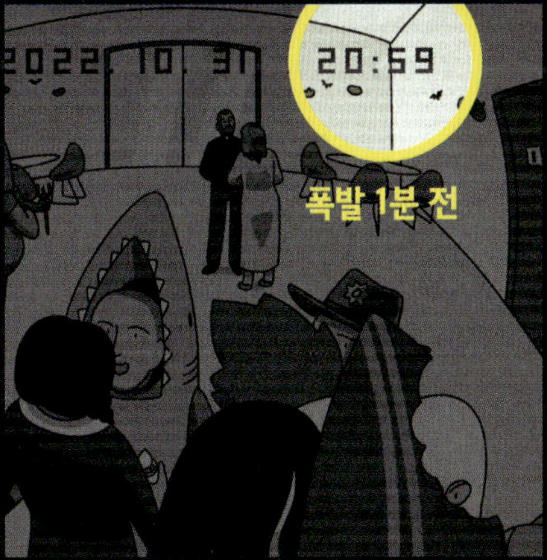

11 즉, CCTV의 영상은 폭발이 일어나기 1분 전의 상황입니다.

12 점원의 진술에 따르면, 누군가가 파티를 망치려고 매장 뒤편으로 들어간 것이 분명하다고 하죠. 따라서 범인은 폭발 1분 전의 CCTV 영상에는 나타나지 않을 겁니다.

사건 해결

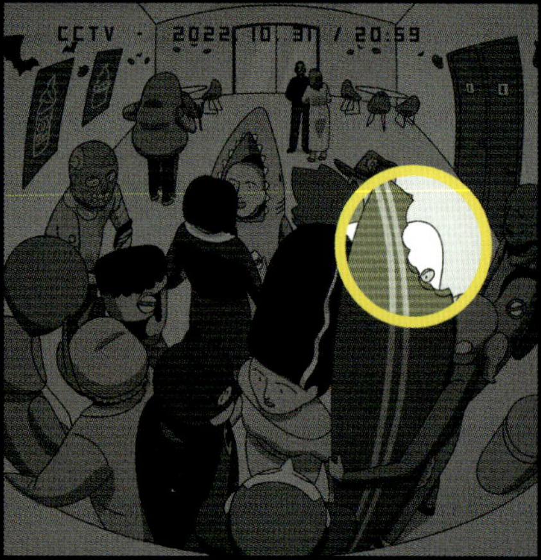

13 먼저 마녀, 고스트페이스, 미라, 이 세 명의 용의자가 CCTV 영상에 나오지 않는 것을 확인할 수 있어요. 그런데 유령은 저기에 살짝 보이는군요.

14 CCTV에 유령의 모습이 나온다면, 그가 폭발물을 설치했을 리는 없겠죠. 따라서 그를 용의선상에서 제외할 수 있습니다.

15 또한 커플 코스튬을 입고 온 세 명의 초대 손님도 영상에 나오지 않는군요. 그들에게 알리바이가 있는지도 확인할 필요가 있습니다.

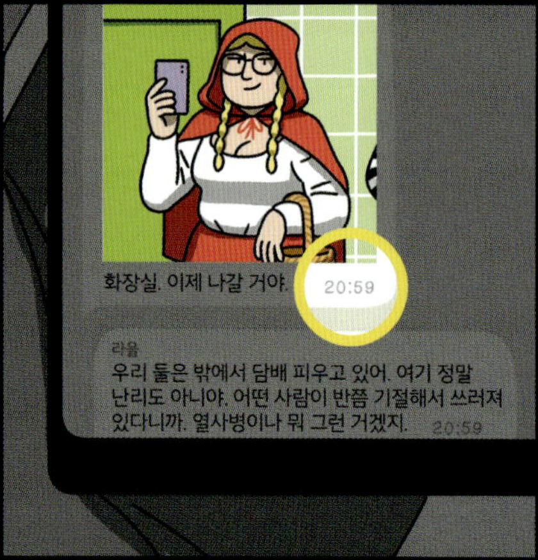
화장실. 이제 나갈 거야.
20:59
라울
우리 둘은 밖에서 담배 피우고 있어. 여기 정말 난리도 아니야. 어떤 사람이 반쯤 기절해서 쓰러져 있다니까. 열사병이나 뭐 그런 거겠지.
20:59

16 빨간 모자 소녀로 분장한 사람은 바로 그 시간에 화장실에서 셀카를 찍고 있었다고 주장하네요.

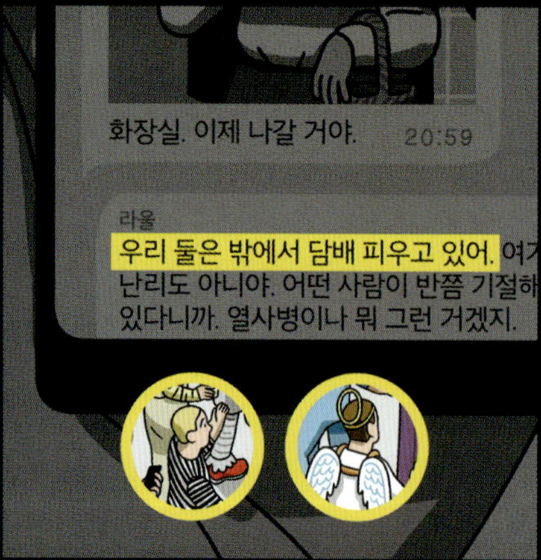
화장실. 이제 나갈 거야.
20:59
라울
우리 둘은 밖에서 담배 피우고 있어.
난리도 아니야. 어떤 사람이 반쯤 기절하
있다니까. 열사병이나 뭐 그런 거겠지.

17 다른 두 명의 초대 손님은 매장 밖에서 담배를 피우고 있었다고 주장합니다. 만약 단체 대화방이 파티 초대 손님들로 이루어진 것이 맞다면, 이 두 사람은 아담스 패밀리의 아들과 천사일 가능성이 높아요. 이들은 커플 코스튬을 하고 있지만, 카메라 영상에는 나오지 않으니까요.

화장실. 이제 나갈 거야.
20:59
라울

18 용의자를 더 좁히려면 빨간 모자 소녀가 보낸 셀카를 잘 관찰해야 합니다. 빨간 모자 옆에 줄무늬 옷을 입은 이의 팔이 살짝 보이죠? 그것은 마녀나 아담스 패밀리의 아들일 가능성이 높아요.

19 하지만 아담스 패밀리의 아들은 밖에서 담배를 피우고 있었던 것으로 이미 확인되었죠. 게다가 화장실은 남녀가 구분되어 있어요. 따라서 그 팔은 마녀의 것일 수밖에 없습니다.

20 마녀가 화장실에 있었다면 폭죽을 터뜨릴 수가 없겠죠. 따라서 마녀도 용의자에서 배제해야 합니다. 이제 용의자는 두 명으로 좁혀지는군요.

사눔™
llaollao.
… 그 직전에 사눔™을 먹은 한 남자아이가
갑자기 속이 안 좋다고 해서
제가 그 애를 밖으로 데리고 나왔거든요.
… 시원한 바람을 쐬게 하려고요.

21 점원의 진술에 따르면, 어느 손님에게 사눔을 준 후에 모든 일이 벌어졌다고 했어요. 그는 그 손님을 데리고 밖으로 나갔다고 했습니다. 메뉴판을 보면 사눔이 어떻게 생겼는지 알 수 있어요.

22 단체 대화방을 보면, 열사병에 걸린 손님이 20시 59분에 밖에 있었던 것으로 확인되는군요.

23 그러면 이제 용의자들 중 누가 사눔을 들고 있는지 확인해보도록 하죠. 고스트페이스군요. 그렇다면 그도 용의자에서 제외할 수 있겠네요.

범인

24 드디어 범인을 찾았습니다. 범인은 미라입니다. 그는 커플 코스튬을 하지 않은 유일한 인물일 뿐만 아니라, 폭발 1분 전의 CCTV 영상에도 나오지 않고 그 시간 동안의 알리바이도 없으니까요.

헬러윈 파티에서 일어난 폭발

사건의 진실

다가오는 핼러윈, 이 이야기의 주인공은 성대한 파티를 열기로 결심했다.
그는 유명 요거트 체인점인 '야오야오'의 한 매장을 통째로 예약했다. 하지만 모든 친구들을 초대할 수는 없었다.
결국 그는 20명을 선별해 초대장을 보냈다.

초대장에는 코스튬 파티임이 분명하게 써 있었고, 반드시 커플 코스튬을 입어야 한다는 드레스 코드가 암호로 안내됐다.
그러나 이 핼러윈 파티에 초대받지 못한 몇몇 친구들은 불쾌감을 참을 수 없었다. 그들 중 일부는 변장을 하고 몰래 파티에 숨어들기로 했다. 하지만 그중 한 명은 단순히 몰래 들어가는 것만으로는 분이 풀리지 않았다.
그는 파티를 완전히 망칠 계획을 세웠다.

그는 자신의 정체를 완벽하게 감출 미라 코스튬을 선택했다.
그리고 파티장에 도착하자마자 주최자의 주머니에 몰래 쪽지를 넣었다.
쪽지에는 단순한 불만을 넘어 초대받지 못한 대가를 치르게 될 것이라는 협박이 담겨 있었다.

사실 범인은 단순히 협박에 그치는 것이 아니라 파티를 완전히 아수라장으로 만들기 위해 폭죽을 설치할 계획까지 세웠다.
기회를 엿보던 중, 마침 열사병에 걸린 손님을 부축하며 밖으로 나가는 점원의 모습이 보였다.
순간, 그는 매장 뒤편으로 몰래 숨어들어 요거트 기계에 폭죽을 설치하고 불을 붙였다.
도화선이 타올라 곧 요거트 기계가 굉음을 내며 폭발했고 흥겨운 파티는 순식간에 멈춰버렸다.
다행히 사건 현장을 꼼꼼하게 조사한 결과, 범인의 정체는 밝혀졌다.
범인은 곧바로 경찰에 넘겨졌고 그의 복수극은 완전히 끝났다.

llaollao.
llaollao.™

CASE **07**

잿더미 속의 비밀

거세게 타오른 화염은 결국 사그라들었지만, 이 회사의 사무실은 잿더미로 변하고 말았습니다. 진화 작업이 끝난 후, 소방관들은 불에 탄 시신 한 구를 발견했죠. 하지만 형체를 알아볼 수 없을 정도로 심하게 훼손되어 있는 상태였습니다. 경찰이 조사한 결과, 이곳은 4명의 동업자가 함께 세운 작은 회사의 사무실이었습니다. 이 회사의 공동 운영자 중 누가 희생자인지 확인하기 위해 그들의 가족들에게 전화를 걸어 안타까운 소식을 알려야 했죠.

한 가지 확실한 점은 이 불이 단순한 사고가 아니라는 점입니다. 현장에 온 가족들과 대화하며 당신은 이 사건에 숨겨진 비밀이 있다는 것을 알아챕니다. 이제 사건 현장에서 수집한 모든 단서를 분석하고, 증인들의 진술을 들어보세요. 그리고 사건의 진실을 밝혀내세요

사건을 해결하는 데 걸린 시간은? 88:88

이 사건의 범인은?

그 증거는?

살해 동기는?

그와 대화하기 (106쪽)
그와 대화하기 (110쪽)
그녀와 대화하기 (108쪽)
보고서를 확인하기 (104쪽)

사건 현장 보고서

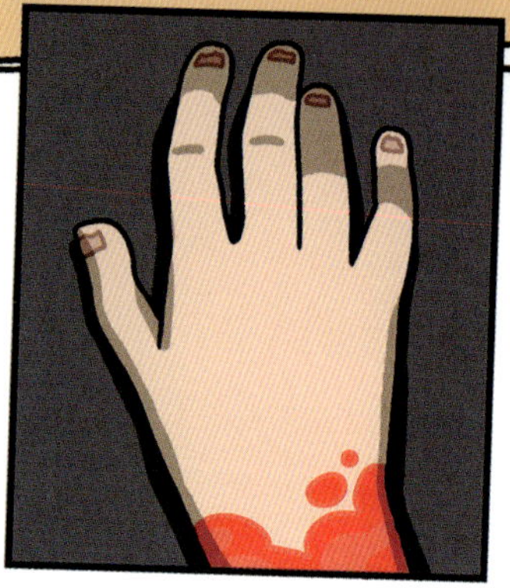

피해자:

신원 미상
(시신에서 신원을 확인할 수 있는 유일한
부위인 손 사진 첨부. 지문 분석 작업 대기 중)

발견된 증거:

화재로 인해 거의 모든 증거가 소실되었음.
이를 목적으로 방화했을 가능성이 높음.
휴대폰 두 대와 돈이 가득 든 서류 가방만 발견됨.
세 가지 물품 모두 완전히 타버린 상태.

주요 가설:

최초로 제기된 의혹은 동업자 중 한 명이 증거를 없애기 위해 방화를 저질렀다는 것. 하지만 그들이 이미 도주 계획을 세웠다는 사실을 고려하면 이 가설은 앞뒤가 맞지 않음. 이에 따라 새로운 방향으로 수사를 진행한 결과, 동업자 중 한 명의 가족이 사기 사건의 공범일 수 있다는 가능성이 제기되었음.
그렇다면 이 가족은 동업자들의 불법적인 범행을 알고도 신고하지 않았으며, 수동적 공범이 되었을 가능성이 높음. 수사망이 좁혀오자 그 가족은 피해자가 자신을 버리고 모든 책임을 떠넘기려 했다는 사실을 알게 되면서 복수를 결심했을 뿐만 아니라 자신이 연루된 범죄 증거를 없애고자 했을 가능성이 있음.

수사 성과:

라파엘 V가 리우 데 자네이루 공항에서 체포되었음.

증거 A:
체포된 용의자의 휴대전화에서 추출된 기록

산티 자네가 추천한 이탈리아 레스토랑에 ,곧장 가서 저녁을 먹었는데 정말 끝내주더군
,고맙네 요리 솜씨가 ,발군이야 다른 음식은 어떤지 모르겠지만 피자가 기가 막혔어
주변 사람들에게 추천,할 거야. 01:22

그나저나 파비오! 어제 찍은 사진 ,지금 당장. 보내줘 웨이트리스랑 노닥거리면서 얼마나 웃었는지
모른다니까 그녀도 유,달리 잘 받,아주더군 자네가 시시덕거리던 모습을 생각하면 지금도 웃음이
,나온다고 아 이럴 줄 알았으면 좀 더 찍어놓을 걸 01:22

파비오
ㅋㅋㅋ 것봐 내,가 그랬잖아 ,방에만 처박혀 있으면 그렇게 웃을 일이 있겠냐고 그런데 내,가 진짜
그랬어? 그렇다면 ,지금 당장 사과하,러 가야겠는걸 ,사실대로 말하자면 난 반쯤 기억이 나질 않아
맥주를 ,무지 많이 마셨거든 하지만 진짜 미친 듯이 웃긴 밤이었어 게다가 난 ,실수로 주방,에 들어가.
버렸잖아 순간 웨이터랑 눈 마주쳤을 때 그 표정,는 아직도 기억나 ㅎㅎㅎ 아무튼 그 사진은
마티아스가 찍었을,길 그 친구한테 보내달라고 해 ㅋㅋㅋ

너 말대로 어제 ,휴대전화.로 더 사진을 찍을걸 ,나중에.
항상 후회한다니깐 ㅎㅎㅎ
그때는 뇌가 맥주를 ,처리.하느라 바빴나 봐

분명히 내 휴대전화에 술김에 촬영한 동영상이 남아 있을 거야
한번 찾아보도록 ,할게.

라파엘한테도 물어볼게 있었는데 그 ,짭이 진짜같더라고 나도 정보 좀 줘
,새 거 하나 사게 내,가 보는 눈이 좀 있는데 전혀 모르겠더라고 그 사람
,휴대전화. 알려주면 아주 ,감사야 ,시간 되는 대로 ,중간 역할 좀 부탁해

마티아스
지금 봤네 집으로 ,지금 가고 있어 사무실에.서 남은 일을 하느라고

사진 찍을 때 내가 눈을 감았는데도 우리 넷이 잘 나온 것 같아 ,다른. 포즈로도 더
찍었는데 하필 ,폰이 흔들리는 바람에 흐릿하게 나와 ,버렸.지 뭐야 삭제할까
고민하다가 그냥 나뒀,어

,혹시. 갖고 싶을지 모르니 우리 공용 웹하드에 올려놓을게 그런데 ,비밀.번호가
뭐였더라? 산티나 파비오가 관리자였던 것 같은데… 나중에 ,암호. 좀 알려줘

어쨌든 친구,들 내가 항상 말했지 우리끼리 말이 안 ,통나면. 문제만 생긴다고 각자 ,따로. 놀아봤자
그게 무슨 의미가 있겠어 우리는 앞으로도 함께 ,움직여야 해.

산티
내가 ,이미. 말했잖아 ,공연히 다시 말하지 말라고 ,항상 그랬듯이 우리는싸우다,가도 이번처럼
다시 잘 뭉칠 거야 지금 나,는 집으로 운전하고 있어 나,중에 또 연락할게

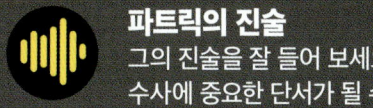

파트릭의 진술
그의 진술을 잘 들어 보세요.
수사에 중요한 단서가 될 수 있을 겁니다.

제 이름은 파트릭이에요. 네, 이미 당신의 동료에게 다 말했습니다. 도대체 몇 번이나 같은 얘기를 해야 하는 거죠? 글쎄요, 그들이 수년 동안 사람들에게 사기를 쳤다는 사실을 알게 됐을 때, 가족 모두를 고발해야 한다고 생각했습니다. 맹세코 그렇게 할 생각이었어요. 하지만 자기 가족을 경찰에 넘기는 게 어디 그리 쉬운 일인가요?

하지만 이제 있는 그대로 다 말했습니다. 그들이 무슨 짓을 저질렀는지 다 아시죠? 네, 새로운 고객을 꼬드겨 투자하게 만들고, 그 돈을 예전 고객에게 마치 이익 배당금처럼 돌려주는 방식이었죠. 전형적인 다단계 금융 사기였어요.

라파엘이 브라질에서 체포됐다고 하더군요. 그러니까 우리가 그들의 범죄를 신고하려 했다는 걸 알고 도망쳤다는 뜻 아니겠어요? 하지만 그들이 정말 도주할 계획이었다면 이 화재와 사망 사건이 도대체 뭐란 말이죠? 혹시 증거를 없애려다 벌어진 사고가 아닐까요?

그런데 얼마나 더 기다려야 하나요? 저 시트에 가려진 게 내 아들 산티인지 알아보려면 얼마나 더 걸립니까? 새벽 4시부터 여기 와 있었는데, 기다리는 게 정말 고문 같다고요.

필라르의 진술

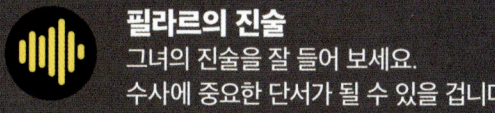

그녀의 진술을 잘 들어 보세요.
수사에 중요한 단서가 될 수 있을 겁니다.

지문을 대조하는 데 도대체 얼마나 걸리는 거죠? 저기 있는 사람이 정말로 제 남편인지, 아니면 다른 분의 아들이나 아버지인지 확인할 방법이 그것 말고는 없나요? 그저 여기 앉아 손 놓고 기다리고 있으려니 견딜 수가 없다고요.

제발, 파비오가 아니면 좋겠어요. 우리에게는 제 이름을 딴 필라르라는 딸이 하나 있는데, 아빠를 무척이나 사랑해요.

그리고 만약 저기 있는 사람이 파비오가 아니라면… 그들이 도망쳤다는 소문도 사실이 아니었으면 좋겠어요. 그럴 리가 없다고요. 파비오는 우리에게 그런 몹쓸 짓을 할 사람이 절대 아니에요. 어떻게든 그와 이야기를 나눌 수만 있다면, 반드시 나서서 납득할 만한 설명을 해줄 거예요. 아침 내내 남편에게 연락을 했는데, 전화를 받지 않았어요. 스무 번 넘게 전화를 걸었는데, 신호음이 몇 차례 울리다가 자동으로 음성사서함으로 넘어가더군요. 그래서 문자 메시지를 여러 통 남겼죠.

설령 그가 이 모든 불법적인 일을 저질렀다고 해도, 우리는 여전히 그를 사랑해요. 그리고 그가 법적 책임을 감당할 수 있도록 최선을 다해 돕겠다고 했어요. 남편이 메시지를 본다면 반드시 집으로 돌아올 거예요. 그렇고말고요.

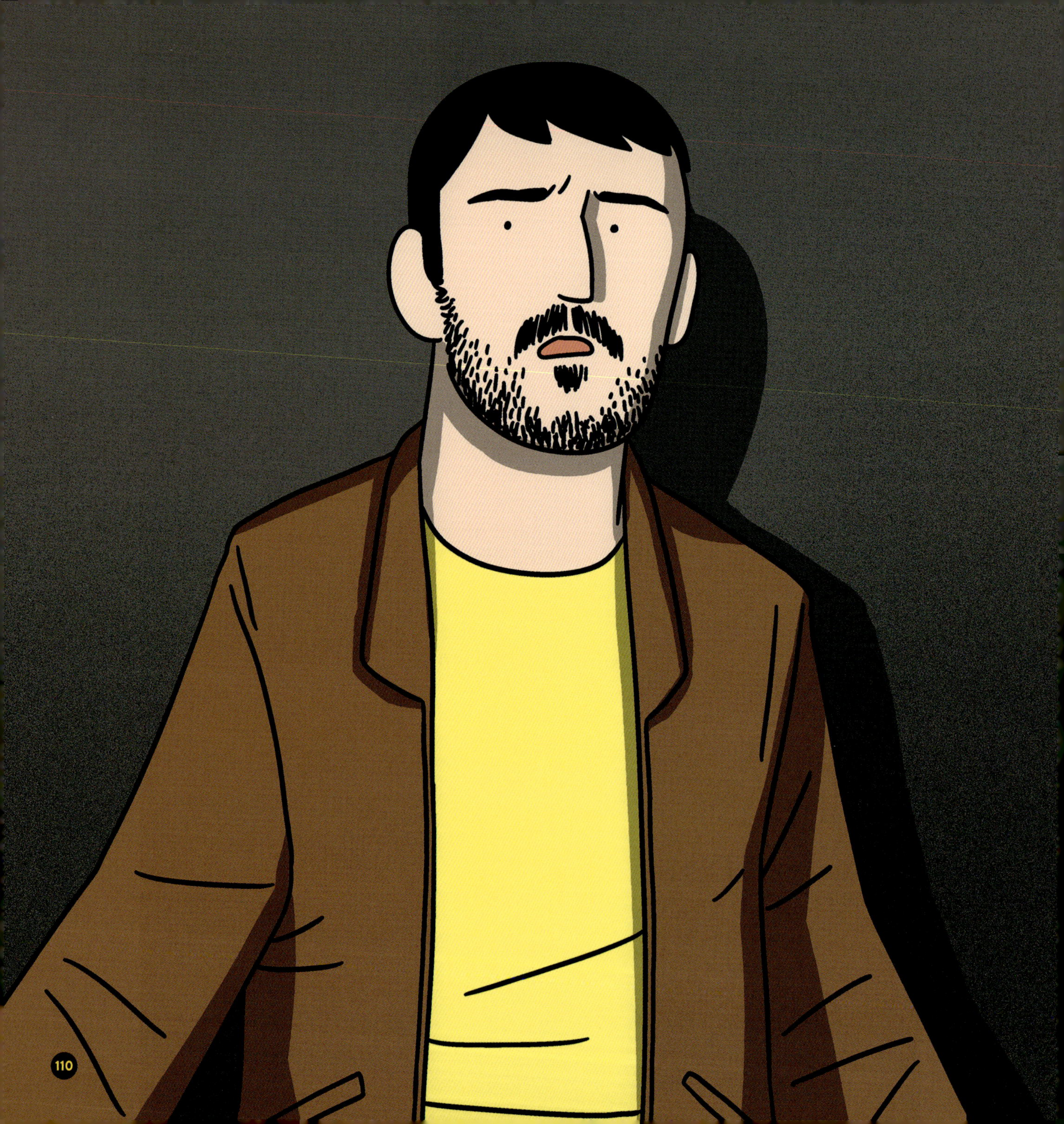

폴의 진술

그의 진술을 잘 들어 보세요.
수사에 중요한 단서가 될 수 있을 겁니다.

네, 맞아요. 저는 마티아스 씨의 아들, 폴이에요. 당신 동료가 그러던데, 아직 피해자가 우리 아버지인지 확인되지 않았지만, 곧 결과가 나올 거라고 하더군요. 정말 끔찍한 상황이에요.

더 일찍 왔어야 했는데, 미안합니다. 오늘 새벽 내내 계속 전화하셨던데, 휴대전화를 무음으로 해놓고 자는 바람에 아침까지 전화가 온 줄도 몰랐어요.

어쨌든 언젠가 사달이 날 줄은 알고 있었지만, 이렇게까지 될 줄은 꿈에도 몰랐어요. 아버지가 다단계 사기에 손을 대기 시작했을 때, 난 어린아이였어요. 아버지 사무실에 들어가 책상 위에 있던 서류들을 뒤적이곤 했는데, 그 당시엔 그게 무슨 뜻인지도 몰랐죠. 그런데 이제 나이가 들고 그 서류들을 보니까, 상황이 얼마나 심각한지 알겠더라고요.

그래서 가족들을 모아 이 문제를 논의했어요. 결국 그들을 고발하기로 뜻을 모았지만… 실제로 그렇게 하진 못했습니다.

사건의 실마리

이 사건을 해결하기 위해 굳이 여기 나온 단서를 읽을 필요는 없습니다. 하지만 당신의 추리가 미궁에 빠져 있다면, 아래의 단서가 도움이 될 것입니다. 그렇지만 한꺼번에 다 읽으려고 하지는 마세요. 어쩌면 하나의 단서만으로도 수수께끼를 풀 수 있는 열쇠를 찾을지 모르니까요. 그럼 행운을 빌어요!

단서 1

동업자들이 주고받은 메시지에는 어떤 텍스트가 숨겨져 있습니다. 그 메시지에 쉼표와 마침표가 되는대로 나온다는 점에 주목하세요. 그 글자를 연결하면 비밀 메시지가 완성됩니다.

단서 2

피해자의 손 사진을 자세히 살펴보면 그의 신원을 확인하는 데 도움이 될 겁니다. 그리고 네 명의 동업자가 나오는 사진을 관찰하면 손톱을 물어뜯지 않은 사람이 두 명 있을 거예요. 그들은 피해자 후보에서 제외할 수 있습니다.

단서 3

피해자의 신원을 확인하려면 그가 두 대의 휴대전화를 소지하고 있었다는 사실에 주목해야 합니다. 그가 누구인지 밝혀지면, 그의 가족이 한 진술을 잘 들어보세요. 그러면 곧 거짓말이 드러날 테니까요.

사건 해결

사건 현장을 자세히 살펴보고, 사건이 어떻게 일어났는지 알아봅시다.

1 동업자 중 한 명의 아버지가 한 진술에 따르면, 작은 회사를 운영하는 이들 4명의 동업자는 다단계 금융 사기를 저질렀는데, 체포될 것을 미리 알고 도주했다고 합니다.

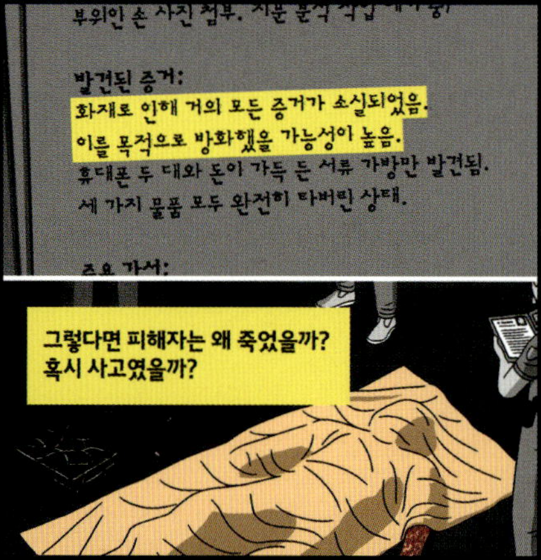
발견된 증거:
화재로 인해 거의 모든 증거가 소실되었음.
이를 목적으로 방화했을 가능성이 높음.
휴대폰 두 대와 돈이 가득 든 서류 가방만 발견됨.
세 가지 물품 모두 완전히 타버린 상태.
그렇다면 피해자는 왜 죽었을까?
혹시 사고였을까?

2 보고서에 따르면 대부분의 증거가 화재로 소실되었습니다. 경찰이 방화로 추정하는 것도 바로 그런 이유 때문일 거예요. 그렇다면 왜 동업자 중 한 명이 사망했을까요?

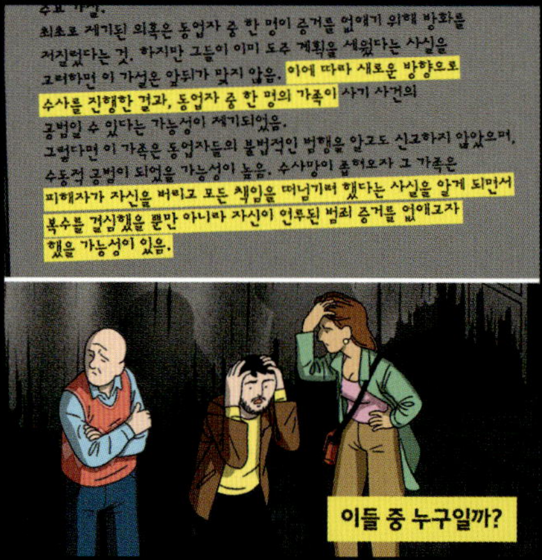

3 이번 사건은 복수를 위해 저지른 범행으로 추정됩니다. 한 가족이 자신을 버린 대가를 치르게 만든 거죠. 그래서 범인은 일부러 사무실에 불을 질러 대부분의 증거를 인멸했던 겁니다.

피해자는 누구일까?

4 가족 중 누가 방화할 수 있었는지 알려면 우선 시체의 신원을 확인하는 것이 중요합니다. 시트에 덮여 있는 피해자는 회사의 네 동업자 중 누구일까요?

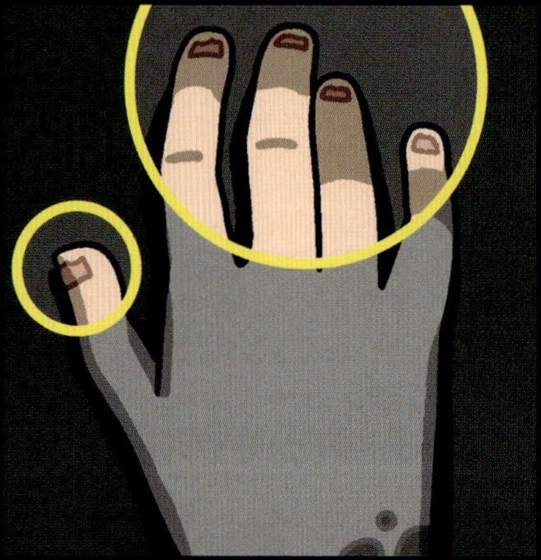

5 보고서의 손 사진에서 유일하게 얻을 수 있는 단서는 피해자가 평소 손톱을 물어뜯는 버릇이 있었다는 점입니다.

6 사진에 나오는 동업자 중 두 명은 손톱을 물어뜯지 않았기 때문에 피해자일 가능성이 없습니다.

7 동업자 중 한 명의 손톱을 보니 물어뜯은 자국이 있군요. 다른 한 명은 손이 보이지 않지만, 손톱을 물어뜯었을 수도 있어요. 그 둘 중 한 명이 피해자인 게 분명합니다.

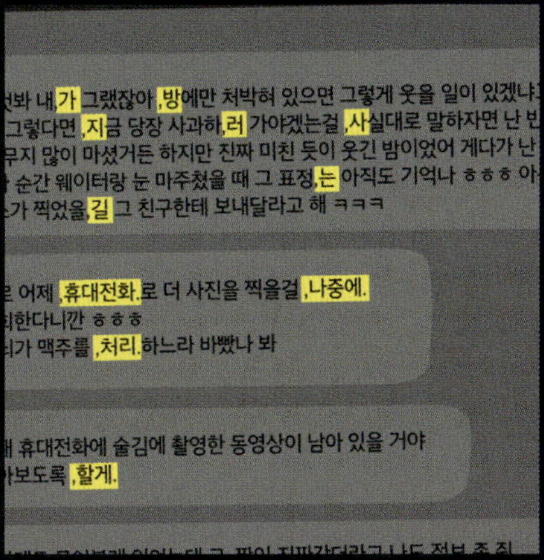

8 그들의 메신저 채팅은 겉으로 보기엔 평범하지만, 자세히 살펴보면 일부 글자에 어색하게 쉼표와 마침표가 들어가 있는 것이 눈에 띕니다. 이것은 의도적으로 숨겨진 메시지가 아닐까요?

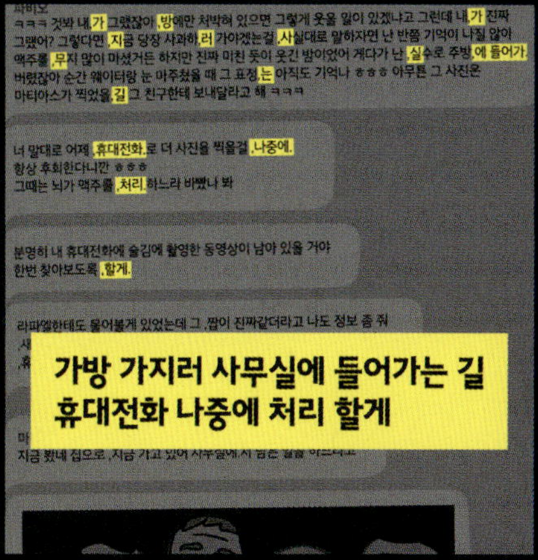

가방 가지러 사무실에 들어가는 길
휴대전화 나중에 처리 할게

9 의도적으로 표시된 글자를 모두 연결하면 숨겨진 메시지를 발견할 수 있어요.

10 마티아스는 사진을 찍을 때 눈을 감았다고 했죠. 그렇다면 사진에서 누가 마티아스인지 쉽게 찾을 수 있어요.

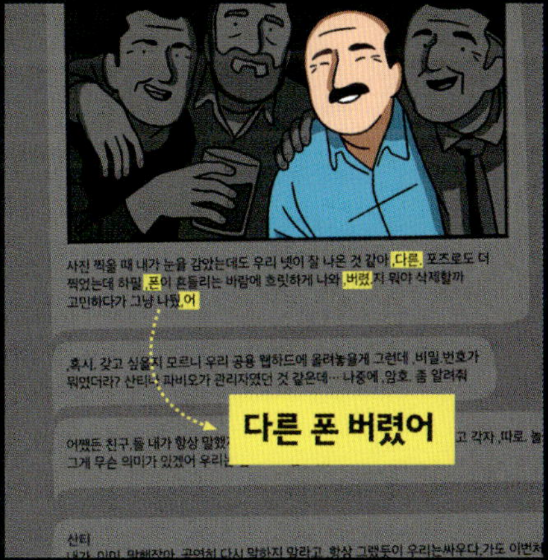

11 그런데 암호화된 메시지에서 그는 다른 휴대전화를 이미 버렸다고 했어요.

12 고인이 여전히 두 대의 휴대전화를 가지고 있었다면, 피해자는 마티아스가 아닙니다.

사건 해결

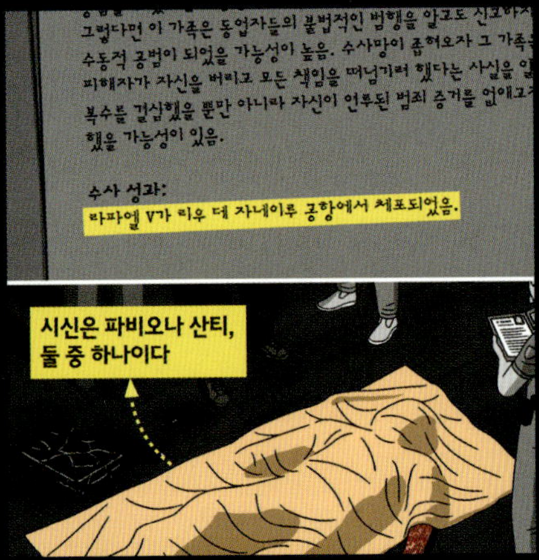

13 사진에 나오는 다른 사람들의 신원은 아직 확인되지 않았지만 라파엘이라는 사람이 체포되었다고 하죠. 그렇다면 시신은 파비오, 아니면 산티일 수밖에 없습니다.

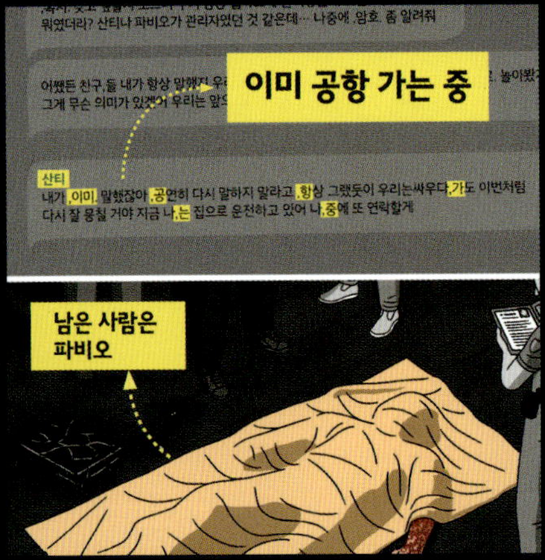

14 하지만 비밀 메시지에서 산티는 공항으로 가고 있는 중이라고 하죠. 그렇다면 그도 피해자일 리 없습니다.

15 그렇다면 현장에서 발견된 시신은 파비오일 수밖에 없습니다. 사진에서 손톱을 물어뜯은 자국이 있는 사람이 바로 파비오예요.

16 나이로 따지면 산티아고가 가장 어리고(아버지인 파트릭이 그다지 나이가 많지 않음), 라파엘이 그 다음인 듯합니다. 이제 사진에 나온 사람들의 신원을 모두 확인했어요.

아내가 거짓말을 하는지 어떻게 알 수 있을까?

17 피해자의 신원을 확인했으니, 사건의 의혹을 풀기 위해서는 그의 가족을 집중적으로 조사해야겠군요. 아내가 거짓말을 하고 있는 걸까요? 혹시 그녀가 남편을 살해한 걸까요?

… 오늘 새벽 내내 전화하셨던데 …

18 의혹을 밝히려면 사건 관계자의 아들이 지적한 한 가지 사실에 주목해야 합니다. 화재는 새벽에 발생했어요.

… 아침 내내 연락을 했는데,

스무 번 이상 전화를 했는데,

19 반면 파비오의 아내는 남편의 휴대전화로 수십 차례 전화했는데 몇 번 신호음이 갔지만 받지 않았다고 합니다. 하지만 이 말은 사실일 리가 없어요.

발견된 증거:
화재로 인해 거의 모든 증거가 소실되었음.
이를 목적으로 방화했을 가능성이 높음.
휴대폰 두 대와 돈이 가득 든 서류 가방만 발견됨.
세 가지 물품 모두 완전히 타버린 상태.
주요 가설:
그녀는 거짓말을 하고 있다

20 보고서에 따르면, 파비오가 가지고 있던 두 대의 휴대전화는 오늘 새벽 화재로 인해 완전히 타버렸다고 하죠. 따라서 오늘 아침 그의 아내가 파비오에게 전화를 걸었다고 해도 휴대전화의 연결 신호음이 울릴 리 없습니다. 이미 기기가 완전히 타버린 상태였기 때문에 전화를 거는 즉시 자동 응답으로 넘어갔을 것입니다. 그녀가 범인입니다.

잿더미 속의 비밀

사건의 진실

파비오, 산티, 마티아스, 라파엘은 부푼 꿈을 안고 투자 펀드 회사를 설립했다.
하지만 현실은 예상과 달랐다. 새로운 투자자들을 유치하는 것은 시간이 갈수록 어려워졌고,
기존의 투자자들에게 배당금을 지급하는 일도 벅찼다. 결국 그들은 새로운 투자자들이 맡긴 돈으로
기존 투자자들에게 가짜 배당금을 지급하는 다단계 금융사기를 시작했다.

처음에는 일시적인 조치라고 생각했다. 사업이 정상 궤도에 오르면 모든 것을 바로잡을 수 있을 거라 믿었지만,
상황은 나아지기는커녕 더욱 악화되었다. 사기의 규모는 점점 커져 갔고, 네 사람은 이제 벗어날 수 없는 늪에 빠지고 말았다.
그 무렵, 마티아스의 아들은 아버지의 회사를 둘러싼 섬뜩한 진실을 깨닫게 되었다. 그는 오랫동안 이를 외면했지만,
더 이상 양심의 가책을 견딜 수 없었다. 무고한 사람들의 돈을 빼앗는 사기 행각을 반드시 막아야 한다는 결심이 섰다.
그러나 경찰에 신고하기 전에 먼저 그는 파비오의 아내 필라르에게 의견을 구했다.
필라르는 놀란 척했지만 사실 그녀는 이미 모든 것을 알고 있었다. 남편의 공범이었던 그녀는 즉시
네 명의 동업자들에게 이를 경고했다. 위기를 직감한 네 사람은 남은 돈을 긁어모아 가방에 넣은 다음
브라질행 비행기를 타기로 한 도주 계획을 실행에 옮겼다.

그러나 그 도주 계획에 필라르는 없었다. 초조해진 필라르는 남편의 휴대전화를 몰래 확인하다가
그가 동료들과 주고받은 메시지 속에서 숨겨진 암호를 발견했다. 그리고 자신에게 알려주지 않은 도주 계획이 있다는 사실을
알고 분노에 휩싸였다. 남편은 그녀를 버릴 뿐만 아니라, 모든 죄를 뒤집어씌울 계획이었던 것이다. 순간,
그녀는 자신이 해야 할 일을 정확히 알게 되었다. 모든 증거를 태워 없애기 위해 그리고 배신자에게 복수하기 위해
그녀는 사무실에 불을 지르기로 결심했다.

그녀의 계획과 실행은 완벽했다. 하지만 한 가지, 결정적인 실수를 저지르고 말았다.
경찰 조사 과정에서 그녀는 남편에게 여러 번 전화했으나 신호음이 울리다가 음성사서함으로 넘어갔다고 진술했다.
하지만 예리한 탐정은 알고 있었다. 불에 완전히 타버린 휴대전화에 신호음이 울릴 리 없다는 사실을.
결국 그녀는 현장에서 바로 체포되어 경찰서로 연행되었다.

CASE 08

조난자의 유산

몇 달 전, 한적한 바다에서 수영을 하며 휴가를 즐기던 당신은 우연히 편지가 들어 있는 유리병을 발견합니다. 호기심에 그 안을 확인해 보니 수십 년 전 누군가가 남긴 구조 요청 메시지가 들어 있었어요. 메시지의 주인에 호기심이 생긴 당신은 그 사건을 조사하기 시작했고, 마침내 세기 초에 이 근방 해역에서 대부호가 실종되었다는 사실을 알게 됩니다.

사라진 실종자를 끈질기게 추적한 끝에 당신은 문제의 섬에 도착합니다.
그리고 그곳에서 이미 오래전 죽은 남자의 시신과 그가 죽기 전 땅속에 감춰둔 수수께끼의 궤짝을 발견합니다. 이 안타까운 조난자에게 어떤 일이 있었던 걸까요?
수십 년 동안 외딴섬에 묻혀있던 이 사건의 진실을 밝혀보세요.

사건을 해결하는 데 걸린 시간은? 88:88

이 사건의 범인은?

그 증거는?

살해 동기는?

* 이 사건은 바카디 그룹의 홍보를 위해 조오파 스마트 에이전시와 공동 제작한 캠페인을 각색한 것입니다.

양피지 편지를 읽기 (125쪽)
궤짝을 열어보기 (122쪽)
궤짝을 조사하기 (123쪽)
가방 안을 확인하기 (124쪽)

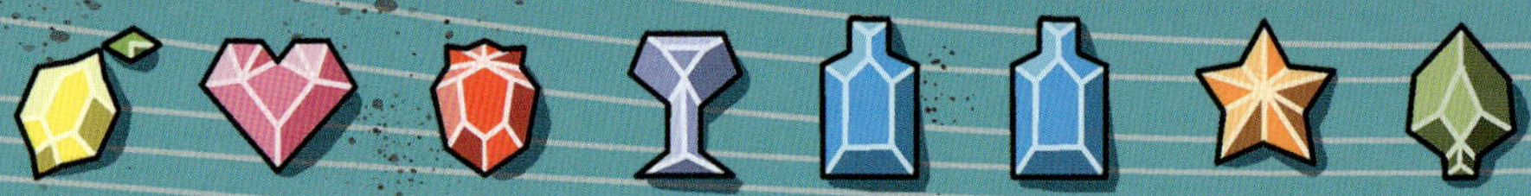

URL 접속하기
그림에 나오는
웹페이지 주소의
빈칸에 비밀번호를 입력하여
궤짝을 열어보세요.
인터넷 연결이 안 되면
203쪽을 확인하세요.

궤짝을 열려면 다음 웹페이지 주소의 빈칸에
8개의 숫자 조합을 입력하세요.

jbooks.joins.com/_ _ _ _ _ _ _ _

8 M G F J Y T B W E R

L E S M W I M P Z S

T A 2 5 G T R A Z K

E S U 3 B 9 P C A

F D T E T A O N 9 0 A -

P R V E - O Z X

S R 5 I

가능한 섬의 목록
~~칼라베라 섬~~
~~코코테로 섬~~
~~보데가 섬~~
~~비르히니아 섬~~
~~카이만 섬~~
~~브루마 섬~~
~~레푸히오 섬~~
~~오리손테 섬~~
석유 재벌, 대서양에서 실종되다!
대서양 한가운데에서 흔적도 없이 사라진 선박, 그리고 거부(巨富)의 미스터리
영국 태생의 석유 재벌 제리 호프(Jerry Hope)가 미국에서 막대한 재산을 모은 후, 고향인 영국으로 돌아가기로 결심했으나 그의 귀향은 끝내 이루어지지 못했다. 출항한 지 얼마 지나지 않아 그가 탄 배가 대서양에서 흔적도 없이 사라진 것이다. 선박의 잔해는 끝내 발견되지 않았으며, 선원 전원 사망으로 추정되고 있다. 유족으로는 아내 클레오와 딸 제인, 테스, 에밀리, 루비가 남겨졌다.
사진 속 제리 호프(가운데)는 미국에 도착한 후, 첫 동업자였던 톰 해먼드(왼쪽)와 프랭크 콜린스(오른쪽)와 함께 포즈를 취하고 있다. 그들은 부동산 시장에서 성공을 꿈꾸며 함께 사업을 시작했지만, 결국 실패로 돌아갔다. 몇 년 후, 제리는 석유 사업에 뛰어들며 재기에 성공했고 마침내 거부가 되었다. 그러나 그의 동업자들의 운명은 엇갈렸다. 톰 해먼드는 세기 초 샌프란시스코 대지진으로 세상을 떠났고, 프랭크 콜린스는 소매업에 몸을 담았다.
(다음 면에서 계속)

이 병을 발견한 분에게 부탁드립니다. 이 편지를 클레오 호프에게
꼭 전해주세요. 그녀는 이 메시지를 해독할 수 있는 유일한 사람입니다.
반드시 이 말을 전해야 합니다. 모든 것은 우리 딸들로부터 시작된다고요.
제발 부탁합니다.

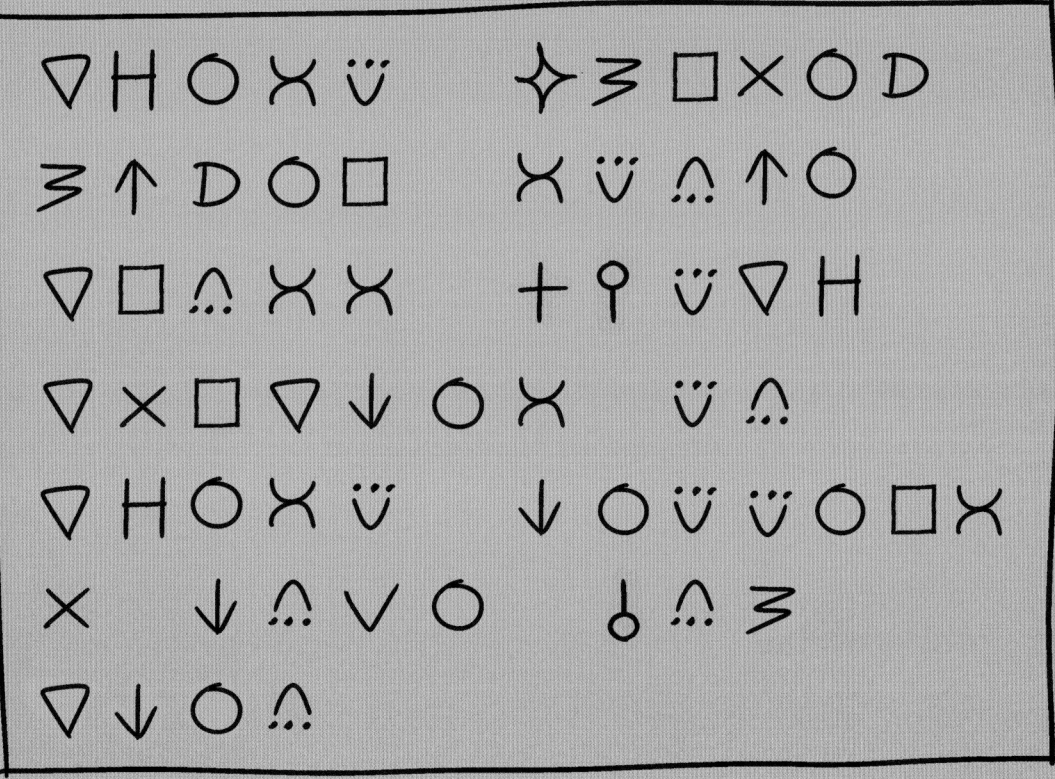

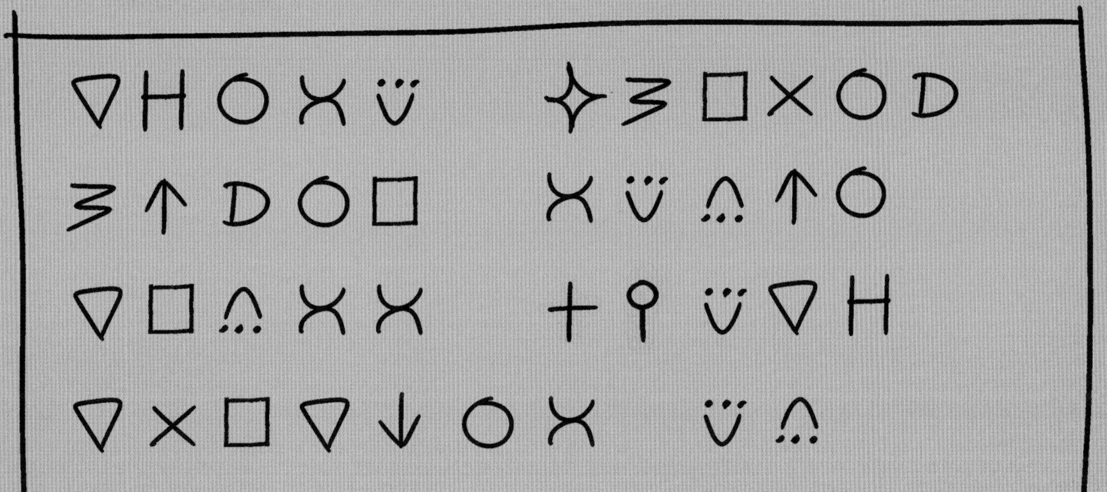

1906. 5. 5.

사건의 실마리

이 사건을 해결하기 위해 굳이 여기 나온 단서를 읽을 필요는 없습니다. 하지만 당신의 추리가 미궁에 빠져 있다면, 아래의 단서가 도움이 될 것입니다. 그렇지만 한꺼번에 다 읽으려고 하지는 마세요. 어쩌면 하나의 단서만으로도 수수께끼를 풀 수 있는 열쇠를 찾을지 모르니까요. 그럼 행운을 빌어요!

단서 1

편지에서 '모든 것이 우리 딸들로부터 시작된다'고 썼기 때문에 그 편지의 첫 번째 글자가 제리 딸들의 이름이라는 사실을 알 수 있습니다. 제리 가족들의 이름은 아내 클레오(Cleo), 딸 제인(Jane), 테스(Tess), 에밀리(Emily), 루비(Ruby)입니다. 기호와 알파벳을 연결하면 메시지 전체를 해독할 수 있습니다.

단서 2

암호를 해독하면 메시지 속 원 기호와 제짝의 글자를 매치하라는 내용이 숨어 있어요. 편지를 제짝에 새겨진 글자 위에 겹쳐놓았을 경우, 어디에 동그라미 표시가 되는지 체크해 보세요. 동그라미 안에 들어간 글자를 연결하면 그가 숨겨놓은 진짜 메시지가 드러나게 될 거예요.

단서 3

범인을 찾으려면 용의자 중 한 명이 사망한 날짜를 알아야 합니다.
이 날짜를 배가 조난당한 날짜와 비교하면 결론을 도출할 수 있을 거예요.

사건 해결

사건 현장을 자세히 살펴보고, 사건이 어떻게 일어났는지 알아봅시다.

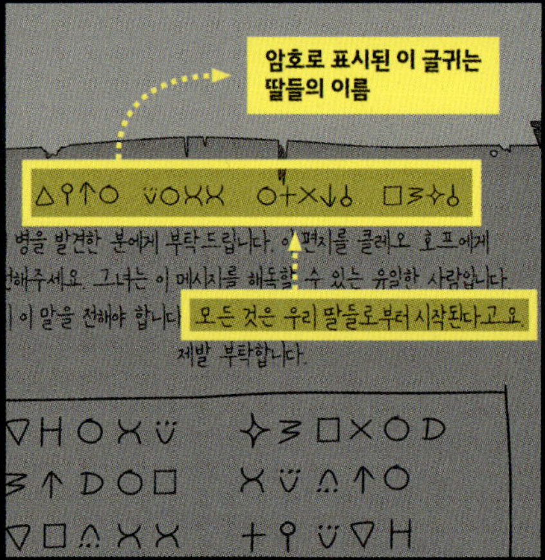

1 '모든 것은 우리 딸들로부터 시작된다'는 단서는 편지의 첫 글귀가 조난당한 이의 딸들 이름에 해당한다는 것을 나타냅니다.

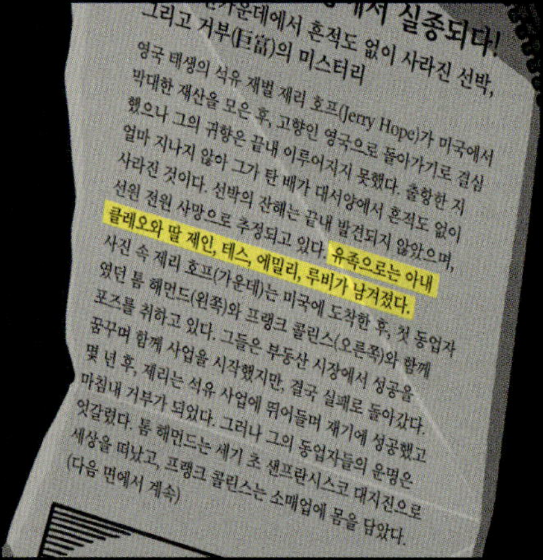
...에서 실종되다!
...가운데에서 흔적도 없이 사라진 선박,
그리고 거부(巨富)의 미스터리

영국 태생의 석유 재벌 제리 호프(Jerry Hope)가 미국에서 막대한 재산을 모은 후, 고향인 영국으로 돌아가기로 결심했으나 그의 귀향은 끝내 이루어지지 못했다. 출항한 지 얼마 지나지 않아 그가 탄 배가 대서양에서 흔적도 없이 사라진 것이다. 선박의 잔해는 끝내 발견되지 않았으며, 선원 전원 사망으로 추정되고 있다. 유족으로는 아내 클레오와 딸 제인, 테스, 에밀리, 루비가 남겨졌다.

사진 속 제리 호프(가운데)는 미국에 도착한 후, 첫 동업자였던 톰 해먼드(왼쪽)와 프랭크 콜린스(오른쪽)와 함께 포즈를 취하고 있다. 그들은 부동산 시장에서 성공을 꿈꾸며 함께 사업을 시작했지만, 결국 실패로 돌아갔다. 몇 년 후, 제리는 석유 사업에 뛰어들며 재기에 성공했고 마침내 거부가 되었다. 그러나 그의 동업자들의 운명은 엇갈렸다. 톰 해먼드는 세기 초 샌프란시스코 대지진으로 세상을 떠났고, 프랭크 콜린스는 소매업에 몸을 담았다.
(다음 면에서 계속)

2 신문 기사에 딸들의 이름이 나오는군요.

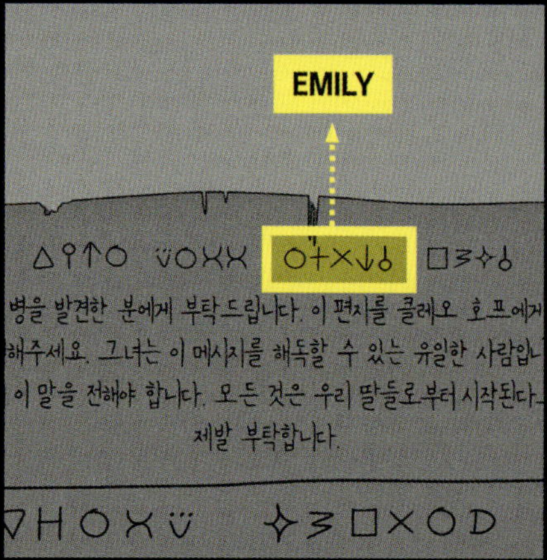

3 다섯 글자로 된 이름은 쉽게 찾아낼 수 있습니다.

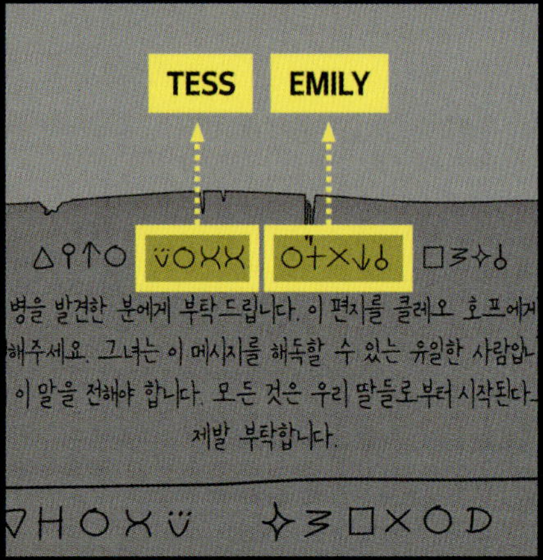

4 '테스'라는 이름이 같은 글자를 두 개 가지고 있다는 사실도 이름의 위치를 확인하는 데 도움이 되겠네요.

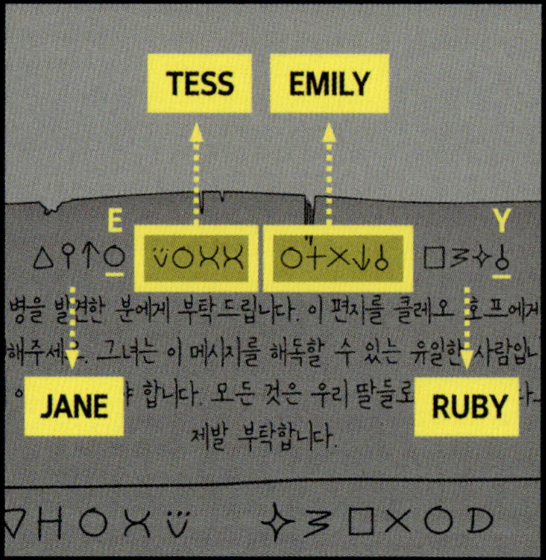

5 이미 확인된 글자를 이용하면 나머지 두 이름도 알아낼 수 있습니다.

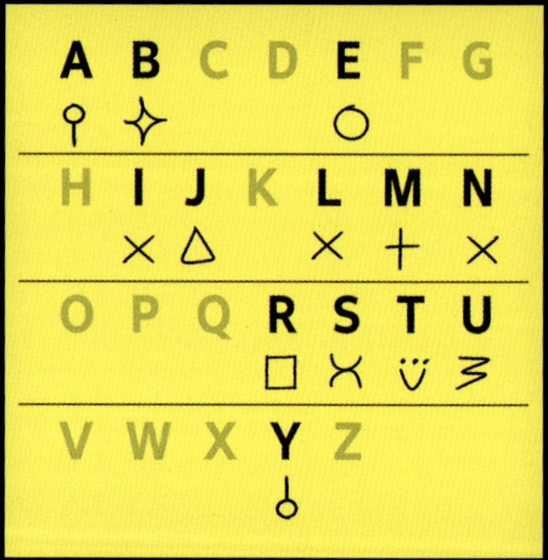

6 이 과정을 통해 편지 전체를 해독하는 데 필요한 글자를 모두 알게 되었습니다.

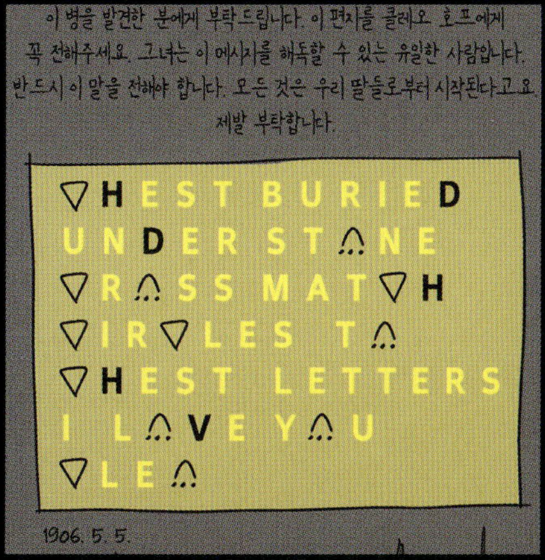

7 밝혀진 글자를 대입해보면 나머지 암호도 풀 수 있습니다. 마지막 이름은 이 편지를 받는 아내 클레오기 때문이죠.

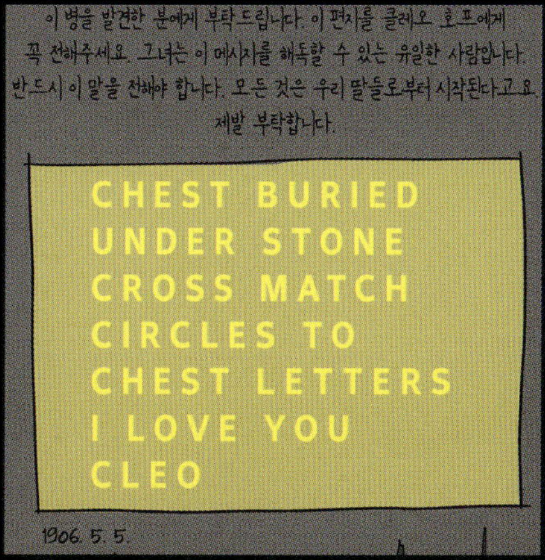

8 메시지에서 제리는 아내에게 무언가를 묻어둔 장소를 알려줍니다. 나중에 아내가 찾을 수 있도록 말이죠. 이미 발견한 궤짝을 가리키죠.

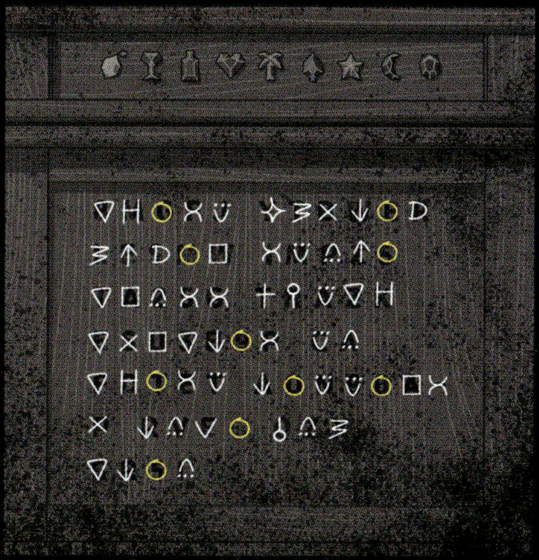

9 제리는 또한 궤짝과 동그라미를 매치해야 한다고 설명합니다. 편지를 궤짝 옆면 글자에 겹쳐놓고 동그라미 안에 들어 있는 글자를 연결하면 새로운 메시지를 얻을 수 있을 거예요.

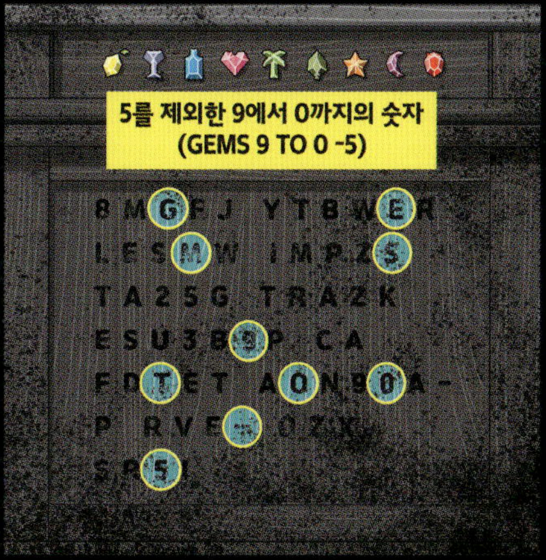

10 제리는 궤짝에 박혀 있는 보석이 5를 제외한 9에서 0까지의 숫자를 나타낸다고 아내에게 설명하고 있습니다.

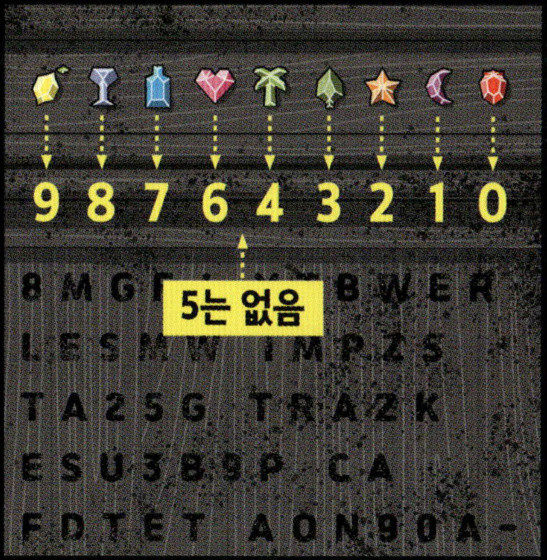

11 보석과 숫자가 이렇게 짝 지어지는군요.

12 각 보석이 어떤 숫자를 나타내는지만 알면 궤짝을 여는 비밀번호를 알아낼 수 있어요. 이제 자물쇠 위에 박혀 있는 보석을 보기만 하면 됩니다.

사건 해결

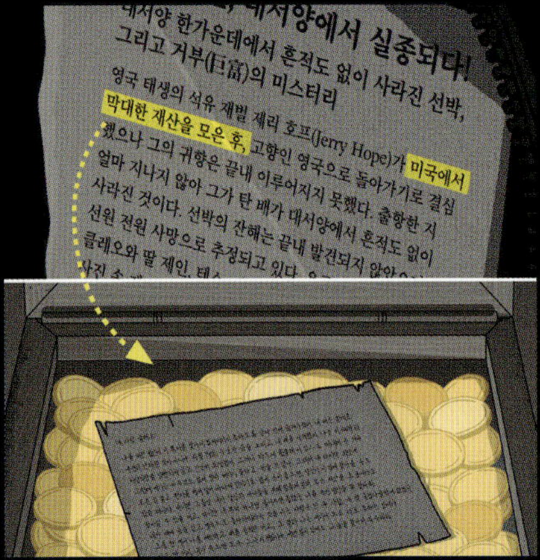

13 궤짝 안에는 제리가 석유 시장에서 모은 금과 함께 쪽지 하나가 들어있군요.

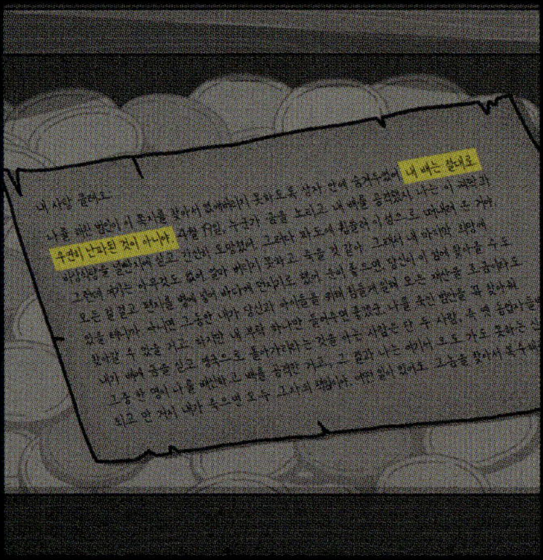

14 이 쪽지에는 배가 조난당하기까지의 과정이 자세히 설명되어 있습니다. 누군가 제리의 금을 노리고 배를 공격했던 것이죠. 결국 제리의 재산을 노린 살인 사건임이 명백해졌습니다.

15 톰 해먼드와 프랭크 콜린스, 그들의 이름과 얼굴이 신문에도 나옵니다. 이 사건의 용의자들인 셈이죠. 제리가 전 재산을 가지고 영국으로 돌아간다는 사실은 그들만 알고 있었으니까요.

16 그리고 이 기사에 또 한 가지 중요한 정보가 나옵니다. 톰은 20세기 초에 일어난 샌프란시스코 지진으로 사망했다고 하네요.

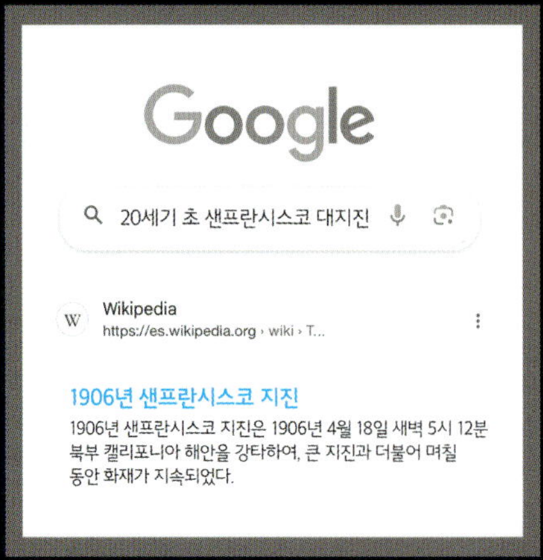

17 인터넷에서 검색을 해보면 이 지진이 1906년 4월 18일에 발생했다는 것을 확인할 수 있습니다.

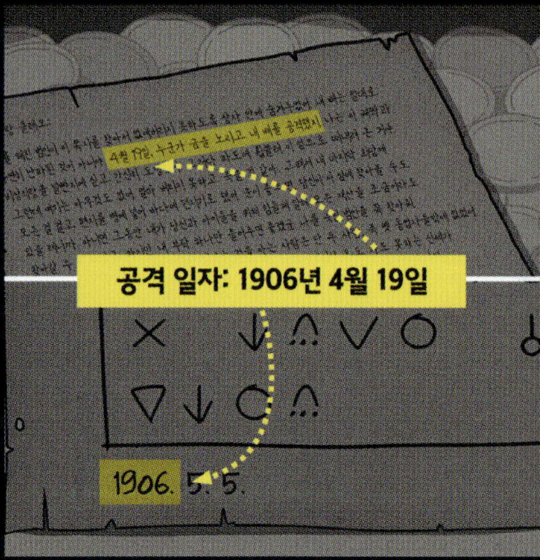

18 제리가 남긴 메시지에서 알 수 있듯이, 조난 사고는 1906년 4월 19일에 일어났습니다.

19 다시 말해, 대지진이 발생한 지 하루 만에 톰이 사건을 저지르기는 불가능하겠죠. 그렇다면 범인은 프랭크가 확실합니다.

조난자의 유산

사건의 진실

19세기 말, 영국 태생의 제리 호프는 더 나은 미래를 위해 아내 클레오와 네 딸을 남겨둔 채 미국으로 떠났다.
그곳에서 그는 톰 해먼드와 프랭크 콜린스라는 두 동업자를 만나 함께 부동산 사업을 시작했다.
하지만 그 사업은 실패로 돌아갔다. 제리는 포기하지 않고 새롭게 석유 사업에 뛰어들어
마침내 성공을 거두어 막대한 재산을 모았다.

1906년, 오랜 세월 떨어져 있던 가족의 품으로 돌아가기로 결심한 그는 그동안 쌓아온 재산을 모두 금으로 바꿔 배에 실었다.
이 소식은 그의 옛 동업자, 프랭크 콜린스의 귀에도 들어갔다. 한때 함께 사업을 했던 프랭크는 이제 제리의 성공을
시기하고 있었다. 그러던 중 제리가 금을 싣고 영국으로 떠난다는 사실을 알게 되자 그는 배를 습격해
금을 빼앗을 계획을 세웠다. 그리고 마침내 비극적인 밤이 찾아왔다.

제리의 배는 정체불명의 공격을 받고 선원들은 하나둘 쓰러졌다. 배는 침몰하기 시작했고,
제리는 금이 든 궤짝과 비상식량을 가지고 가까스로 널빤지에 몸을 실어 탈출했다.
거센 파도에 휩쓸려 무인도에 도착한 그는 가까스로 목숨을 건졌지만, 구조의 손길은 끝내 찾아오지 않았다.
그는 결국 이 외딴섬에서 최후를 맞이할 것이라는 사실을 깨달았다. 마지막 희망을 걸고,
그는 아내 클레오에게 보내는 절박한 유언이 담긴 편지를 병에 넣은 뒤 바다에 던졌다.
그 편지에는 돌멩이로 표시한 십자가 아래에 궤짝을 찾아달라는 내용이 담겨 있었다.
그리고 궤짝 안에는 금과 함께 자신의 옛 동업자 중 한 명이 자신을 죽이려 했다는 의심과 범인에 대한
복수를 부탁하는 내용이 담겨 있었다. 그러나 이 병이 세상에 모습을 드러내기까지는 수십 년이 걸렸다.

어느 여름, 휴가를 즐기던 탐정은 우연히 바다에서 떠다니는 병 하나를 발견했다.
바랜 양피지 위에 적힌 '클레오 호프'라는 이름은 그의 호기심을 자극했고, 그는 이 이름의 주인이 누구인지 찾아 나섰다.
그리고 약 100년 전 실종된 사업가 제리 호프의 이야기를 알게 되었다.

그렇다면 사라진 그는 어디에 있는 걸까?
진실을 밝히고 싶었던 탐정은 제리의 배가 침몰한 것으로 추정되는 해역의 섬들을 직접 탐사하기 시작했다.
몇 주에 걸친 수색 끝에 그는 마침내 한 외딴섬에서 오래된 해골과 함께 모래 아래 묻혀 있던 문제의 궤짝을 발견했다.
여러 번의 시도 끝에 탐정은 궤짝의 자물쇠를 열었고, 그 안에서 제리가 남긴 마지막 쪽지를 발견했다.
쪽지에는 자신이 공격당한 날의 기록과 배신당했다는 고발문이 있었다. 이를 통해 탐정은 제리 호프를 죽음으로
내몬 범인이 바로 프랭크 콜린스라는 사실을 알아낼 수 있었다.
100년이 넘도록 감춰져 있던 진실이 밝혀지는 순간이었다.

CASE 09

감옥 속 거짓말

오늘, 이 교도소의 수감자 중 한 명이 피살된 채 발견되었습니다.
누군가 감방의 거울을 깨뜨린 뒤, 그 날카로운 조각으로 피해자의 배를 찌른 것이죠.
이 사건은 수감자들이 운동장으로 나갈 수 있도록 감방 문이 열려 있던 동안
일어났기 때문에 목격자가 없었습니다.

그렇지만 피해자가 평소 감방 동료 세 명과 자주 다툼을 벌이고 있었다는 사실을
알고 있던 담당 교도관은 그들을 주요 용의자로 지목했습니다.
당신은 사건을 넘겨받자마자 거짓말 탐지기 조사를 통해
누가 거짓말을 하고 있는지 알아내기로 합니다.

사건을 해결하는 데 걸린 시간은? 88:88

이 사건의 범인은?

그 증거는?

살해 동기는?

거울을 조사하기 (139쪽)
그와 대화하기 (136쪽)
수감자들의 기록을 확인하기 (138쪽)

수사 보고서

진술 녹취록
거짓말 탐지기 검사 중
수감자들이 한 말은 수사에
중요한 단서가 될 것입니다.

수신: 사건 담당 형사

이 테이프에는 거짓말 탐지기 검사를
하는 동안 각 용의자가 진술한 내용이
녹음되어 있습니다.

결과는 분명합니다.
그들 중 한 명의 진술은 모두 거짓말입니다.
반면 다른 두 사람의 진술은 모두 사실입니다.

수감자들의 진술

용의자 1

…여기 들어오기 전에 저는 조니가 누군지도 몰랐어요.

살인범이 누구인지 아는 건 베르나르도밖에 없다고요. 정말이에요….

용의자 2

…네, 여기 들어오기 전부터 파블로를 알고 있었죠.

적어도 저는 저 사람들처럼 살인을 한 적은 없어요.

제가 저지른 범죄는 그렇게 무겁지 않다고요. 잘 아시면서….

용의자 3

파블로가 전에 조니를 몰랐다고 하던가요? 그건 거짓말이에요.
여기 이 작은 기계가 다 기록했을 텐데요 뭘.

아무튼 누가 카밀로를 죽였는지 전 정말 몰라요.
도와드리지 못해 죄송합니다.

이 용의자가 포악하다는 사실은
이미 널리 알려져 있음. 특히 사소한 일에도
불같이 화를 내는 것으로 파악됨.

이 사람은 몇 년 전에
탈옥하려고 치밀한 계획을 세웠으나,
카밀로가 밀고하는 바람에 수포로 돌아감.
그 일로 카밀로에 대한 적대감이
엄청난 것으로 파악됨.

이 용의자는 동성애자임.
피해자는 이를 이유로
수시로 혐오 발언을 일삼았음.
결국 용의자가 참지 못하고
피해자를 살해했을 가능성이 큼.

조니에게
언제까지나 당신을
가다릴 거야
영원히 사랑해

사건의 실마리

이 사건을 해결하기 위해 굳이 여기 나온 단서를 읽을 필요는 없습니다. 하지만 당신의 추리가 미궁에 빠져 있다면, 아래의 단서가 도움이 될 것입니다. 그렇지만 한꺼번에 다 읽으려고 하지는 마세요. 어쩌면 하나의 단서만으로도 수수께끼를 풀 수 있는 열쇠를 찾을지 모르니까요. 그럼 행운을 빌어요!

단서 1

얼굴과 진술, 그리고 이름은 알지만 그것이 어떤 죄수인지는 아직 확실치 않아요. 이를 알아내려면 몇 가지 단서를 살펴봐야 해요. 예를 들어 한 수감자의 어깨에 있는 하트 문신을 살펴보면 그의 이름을 확인할 수 있습니다. 하지만 당신이 보고 있는 건 거울에 비친 모습이라는 점을 명심하세요.

단서 2

수사 보고서에는 수감자 중 한 명이 동성애자라고 나와 있네요. 이는 거울에 붙어 있는 여자 사진이 그의 것일 리 없다는 걸 의미합니다. 이런 사실을 통해 수감자의 이름을 특정할 수 있어요.

단서 3

한 명은 거짓말을 하고, 나머지 두 명이 사실대로 말하고 있다면, 서로 모순되는 진술이 동시에 사실일 수는 없습니다. 이를 통해 누가 거짓말을 했는지 알아낼 수 있어요.

사건 해결

사건 현장을 자세히 살펴보고, 사건이 어떻게 일어났는지 알아봅시다.

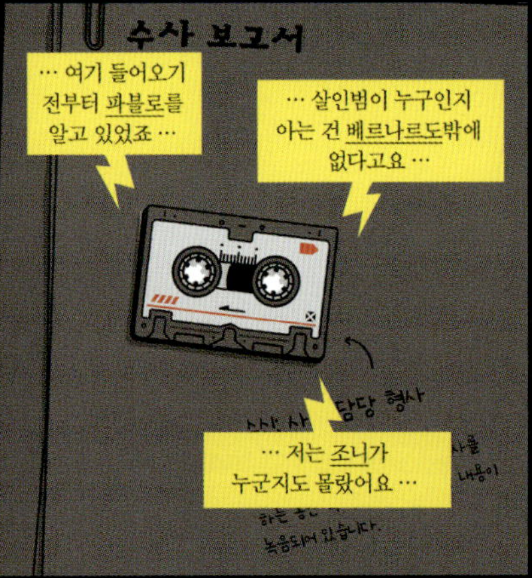

1 녹취록을 통해 파블로, 조니, 베르나르도 등 용의자들의 이름을 알 수 있네요. 하지만 누구의 진술인지 아직은 알 수 없습니다.

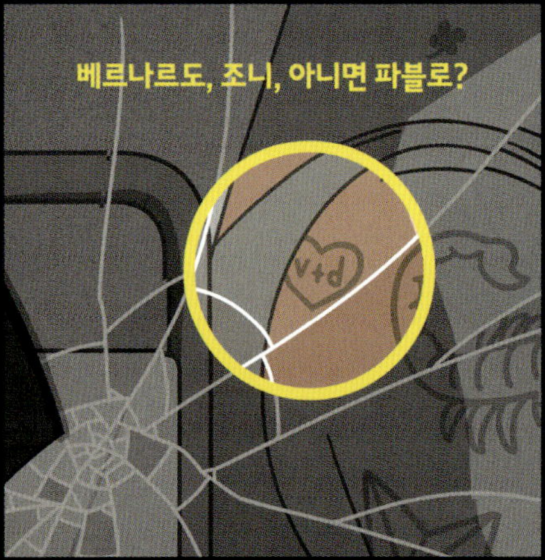

2 사건 현장을 자세히 살펴봐야 합니다. 삭발한 수감자의 문신에 'v+d'라는 이니셜이 보이지만, 그들 중 누구도 'v'나 'd'로 시작하는 이름을 가지고 있지 않아요.

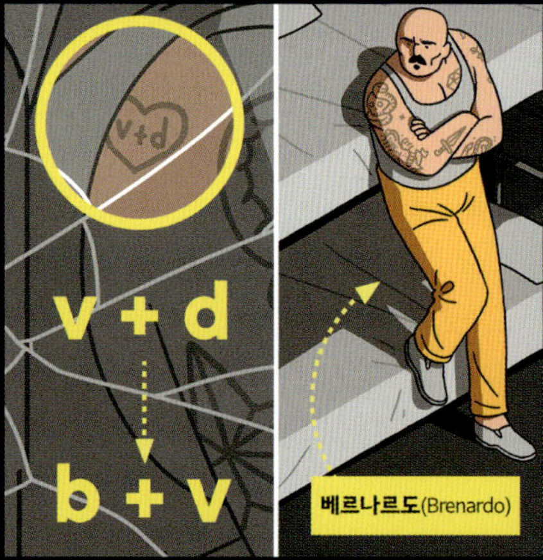

3 왜냐하면 보이는 건 거울에 비친 모습이기 때문이에요. 따라서 그에게 새겨진 문신은 'b+v'라는 글자입니다. 그의 이름은 베르나르도입니다.

4 보고서에 따르면, 베르나르도는 포악한 성격 탓에 사소한 문제로 피해자와 자주 다투었다고 하는군요. 그렇다면 작은 싸움이 결국 걷잡을 수 없는 상황으로 치달은 걸까요?

5 한편 보고서를 살펴보면 또 하나의 중요한 사실을 알아낼 수 있습니다. 어두운 피부색을 가진 수감자는 동성애자였어요.

6 거울에는 조니와 연인 관계임을 암시하는 편지를 보낸 어느 여자의 사진이 붙어 있어요.

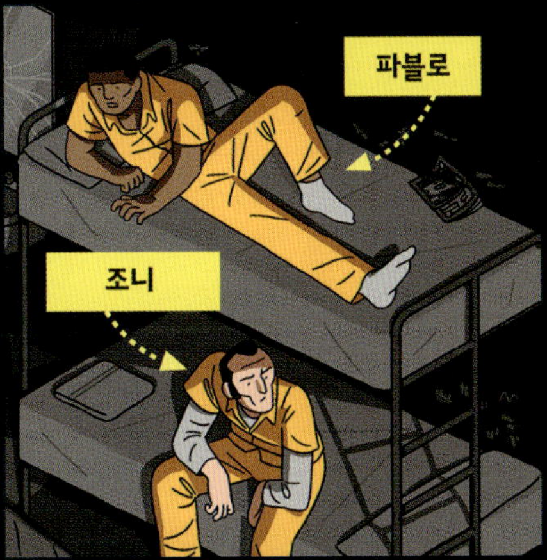

7 그렇다면 어두운 피부를 가진 수감자가 아니라, 구레나룻을 기른 이가 조니라는 것을 알 수 있어요.

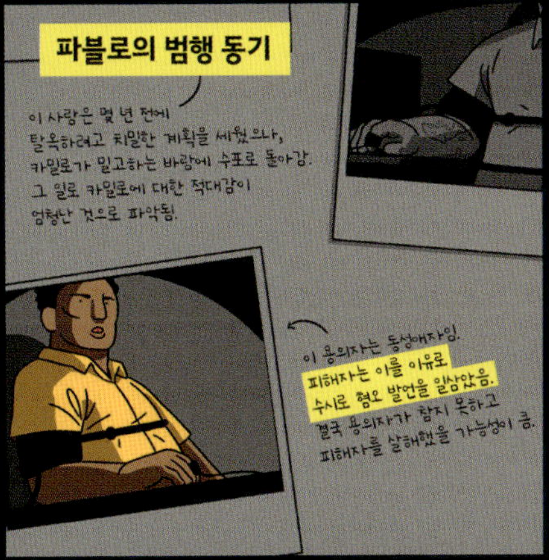

8 범행 동기는 모두에게 있습니다. 보고서에 따르면, 피해자가 수시로 파블로에게 동성애 혐오 발언을 했다고 하는군요. 그렇다면 파블로가 그런 행동에 진저리가 나서 피해자를 살해했을지도 모릅니다.

9 조니의 탈옥 계획은, 누군가의 밀고로 수포로 돌아갔습니다. 조니는 카밀로의 소행이라고 의심했어요. 결국 그에게 복수한 걸까요?

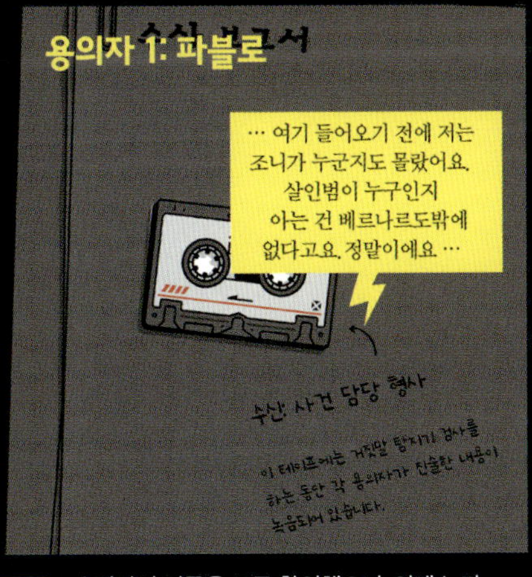

10 수감자의 이름을 모두 확인했으니, 이제 누가 어떤 진술을 했는지 알아볼 차례입니다. 용의자 1의 진술에서는 조니와 베르나르도가 3인칭으로 언급되고 있군요. 그렇다면 파블로의 진술이 틀림없겠군요.

11 용의자 3의 진술은 파블로와 조니에 관해 말하고 있으니 베르나르도의 진술이 분명합니다. 그렇다면 남은 용의자 2는 자연스럽게 조니가 되겠군요.

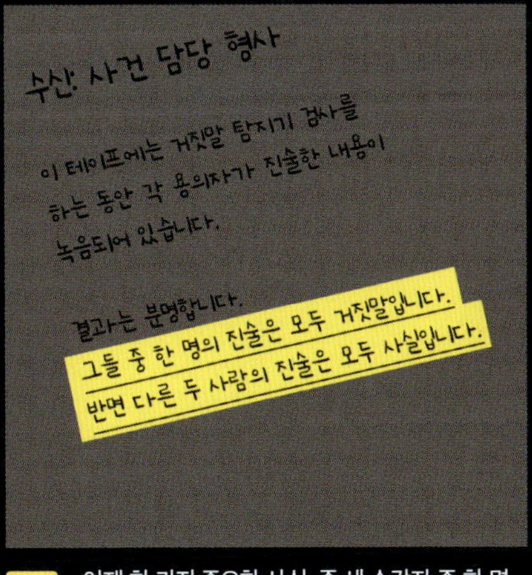

12 이제 한 가지 중요한 사실, 즉 세 수감자 중 한 명만이 거짓말을 하고 있다는 사실에서 추리를 시작해야 합니다.

사건 해결

가정 1

13 만약 조니가 거짓말을 한 것이라면, 다른 두 사람의 진술은 서로 모순됩니다. 파블로는 베르나르도가 범인을 안다고 주장하지만, 베르나르도 본인은 모른다고 하고 있어요.

가정 2

14 베르나르도가 거짓말을 하고 있다면, 다른 두 사람의 진술은 서로 모순됩니다. 파블로는 감옥에 들어오기 전부터 조니를 알았다고 진술한 반면, 조니는 그를 몰랐다고 하니까요.

가정 3

논리적으로 가능

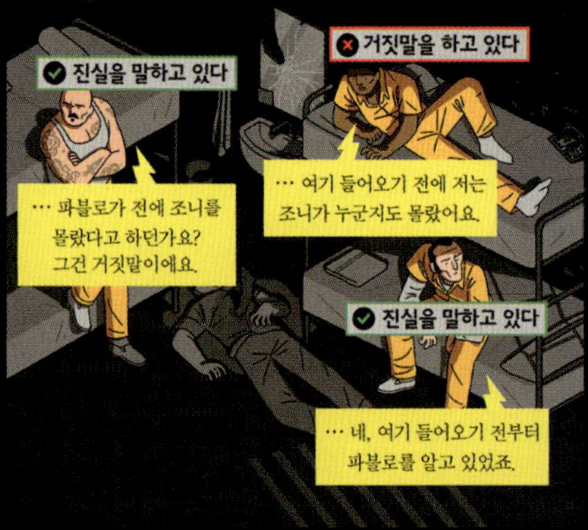

15 그렇다면 파블로가 거짓말을 하고 있다고 가정해 봅시다. 그럼 다른 두 사람이 진실을 말하고 있는 것으로 봐도 될까요? 네, 그렇습니다. 논리적으로 가능한 조합은 이것밖에 없어요.

16 누가 거짓말을 하고 있고, 누가 진실을 말하는지 이제 알아냈습니다. 그렇다면 대체 누가 살인범일까요? 누가 카밀로를 죽였는지 모른다고 한 베르나르도의 말은 진실이기 때문에 그가 살인범이 될 수는 없습니다.

17 조니가 진실을 말하고 있고 살인을 한 적이 없다고 한다면, 그 또한 살인범일 리는 없을 거예요.

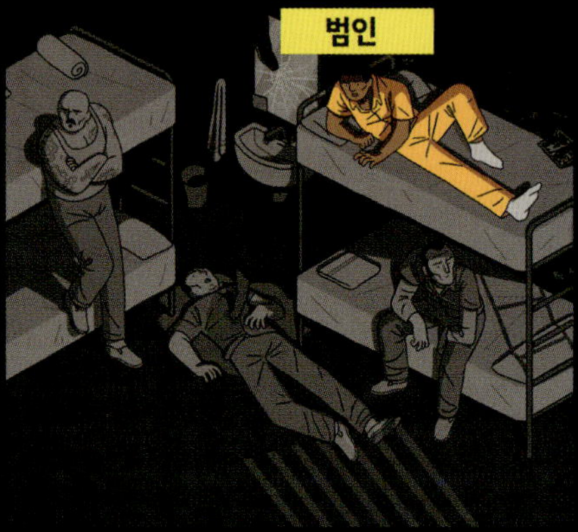

18 그렇다면 마지막으로 남은 파블로가 범인이 될 수밖에 없습니다.

DEL CRIMEN · NO PASAR · ESCENA DEL CRIMEN
NO PASAR · ESCENA DEL CRIMEN · NO PASAR · ESCENA DEL CRIMEN

감옥 속 거짓말

사건의 진실

동성애자라는 사실이 파블로 자신에게도 결코 받아들이기 쉬운 일은 아니었지만,
감옥에 들어가자 더욱 적대적인 환경에 부딪히게 되었다. 성적 정체성을 이유로 파블로를 조롱하고
괴롭히는 수감자들이 많았으나, 그중에서도 같은 감방의 카밀로는 특히 공격적인 태도를 보였다.

카밀로는 틈만 나면 혐오 발언을 퍼부었고, 파블로의 삶은 점점 지옥처럼 변해갔다.
그러던 어느 날, 모든 수감자들이 운동장으로 나간 뒤 파블로와 카밀로만 감방에 남았다.
카밀로는 늘 그렇듯 모욕을 쏟아냈고, 마침내 파블로의 인내심은 한계를 넘어서고 말았다.

카밀로가 잠시 화장실을 간 사이, 분노에 찬 파블로는 팔꿈치로 거울을 쳤다.
그리고 바닥에 떨어진 거울 조각을 천으로 감싸 쥔 채, 화장실에서 돌아온 카밀로의 배를 찔렀다.
이후 파블로는 곧장 운동장으로 나와 다른 수감자들과 합류했다.

잠시 후 운동 시간이 끝나자 수감자들은 모두 자기 감방으로 돌아갔고,
이미 싸늘하게 식은 카밀로의 시신을 발견했다. 파블로 역시 놀란 척했지만,
거짓말 탐지기 검사와 탐정의 날카로운 눈썰미로 그의 살인이 드러났다.

CASE 10

어둠 속에서 떨어진 진실

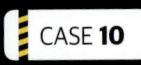

알래스카 북서부의 에니스라는 마을에서는 북극 지역에서 자주 볼 수 있는 신기한 현상이 일어납니다. 12월 중순이 되면 하루 종일 해가 뜨지 않고 밤만 계속되는 극야(極夜) 현상이 시작되는 것이지요. 이렇게 밤만 계속되는 기간은 최대 몇 주까지 이어질 수도 있습니다.

그런데 하필 온 세상이 어둠에 잠긴 이 시기에 한 등반가가 산에서 추락해 사망하는 비극이 벌어졌습니다. 당신이 사고 현장에 도착했을 때, 그곳에는 시신과 몇 사람이 있었습니다. 하지만 현장을 조사하다 보니 앞뒤가 맞지 않는 의문점이 보였습니다. 어쩌면 이것은 살인 사건이 아닐까요?

사건을 해결하는 데 걸린 시간은? 88:88

이 사건의 범인은?

그 증거는?

살해 동기는?

*이 사건은 〈트루 디텍티브〉 시즌 4를 모티브로 MAX와 공동 제작한 캠페인을 각색한 것입니다.

배낭 안을 살펴보기 (150쪽)
그와 대화하기 (152쪽)
휴대전화를 조사하기 (151쪽)

에니스 일보

2023.12.19.

광산 개발에 반대하는 폭력 시위가 연일 이어져

무분별한 광산 개발이 이 지역의 물을 오염시킬 뿐만 아니라, 시민들의 건강을 심각하게 위협한다고 환경 단체에서는 연일 목소리를 높이고 있다.

시위대는 지난주부터 매일 오후 4시에 광산 앞에서 특유의 구호를 외치며 개발 중단을 촉구하고 있다.

몬테 델 아길라, 내년 전국 등반경기 선수권대회 개최지로 선정!

내년 전국 등반경기 선수권대회가 몬테 델 아길라에서 열린다. 이곳은 해발이 그리 높지 않음에도(등반 소요 시간 약 23분, 하강 17분) 등반하기 까다로운 산 중 하나이다. 전문가는 "안전한 등반을 위해 로프, 피켈, 아이젠
적절한 장비를

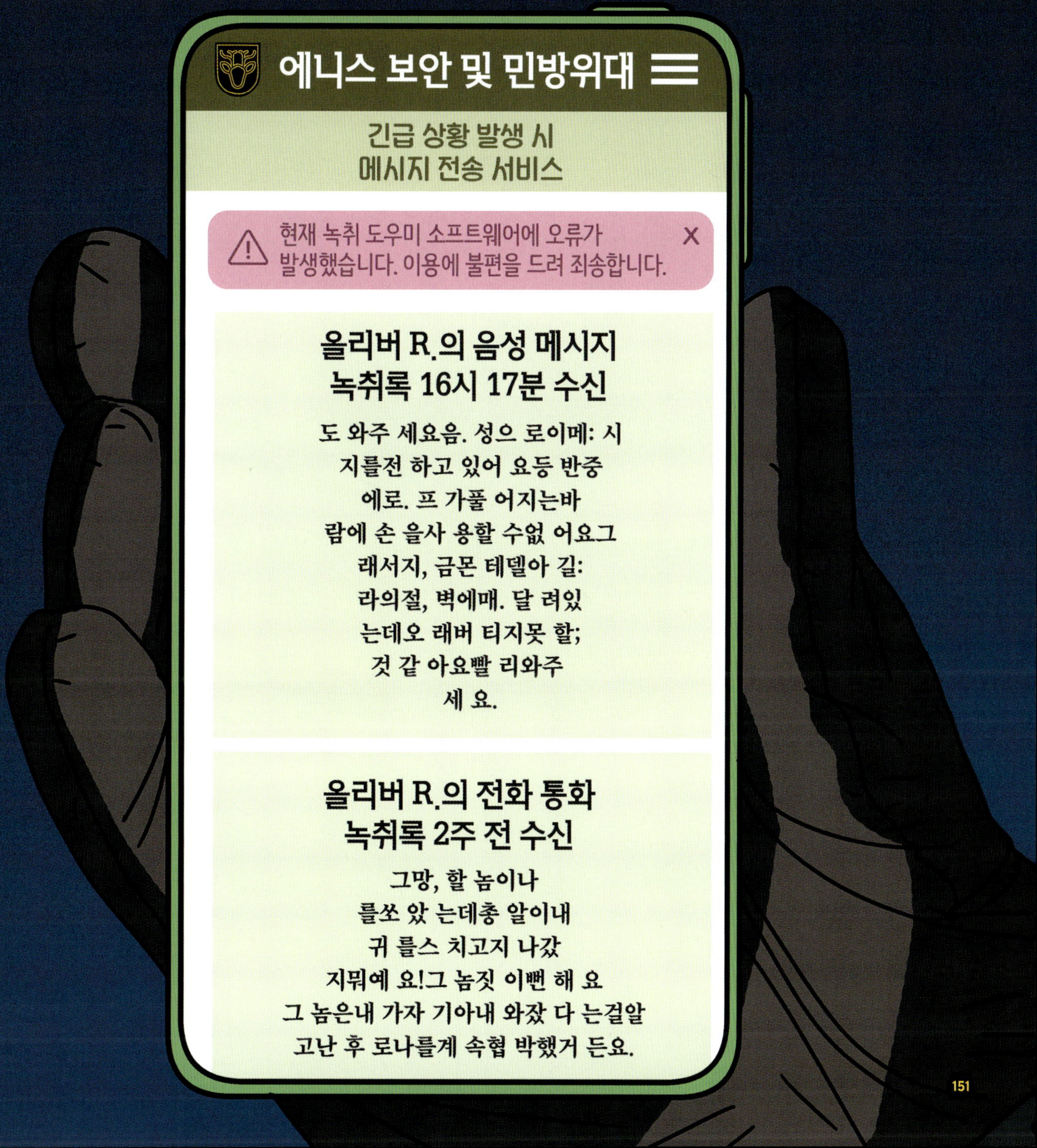
에니스 보안 및 민방위대
긴급 상황 발생 시
메시지 전송 서비스
현재 녹취 도우미 소프트웨어에 오류가
발생했습니다. 이용에 불편을 드려 죄송합니다.
X
올리버 R.의 음성 메시지
녹취록 16시 17분 수신
도 와주 세요음. 성으 로이메: 시
지를전 하고 있어 요등 반중
에로. 프 가풀 어지는바
람에 손 을사 용할 수없 어요그
래서지, 금몬 테델아 길:
라의절, 벽에매. 달 려있
는데오 래버 티지못 할;
것 같 아요빨 리와주
세 요.
올리버 R.의 전화 통화
녹취록 2주 전 수신
그망, 할 놈이나
를쏘 았 는데총 알이내
귀 를스 치고지 나갔
지뭐예 요!그 놈짓 이뻔 해 요
그 놈은내 가자 기아내 와잤 다 는걸알
고난 후 로나를게 속협 박했거 든요.

살랄
북극 연구
기지

과학자의 진술

그의 말은 수사에 중요한 단서가 될 수 있을 것입니다.

저는 과학 기지 안에 있었는데 밖에서 갑자기 비명과 함께 '쿵' 하는 소리가 크게 울렸어요. 처음에는 마을에서 시위대가 온 줄 알았죠. 안 그래도 몇 초 후면 그 사람들이 여기로 몰려와서 구호를 외치고 소란을 일으킬 거라고 예상하고 있었거든요.
그런데 뭔가 느낌이 이상했어요. 시위대가 내는 소리와는 전혀 달랐거든요.

순간 온몸에 소름이 끼치더군요. 그래서 밖으로 나가 한 25분쯤 걸었을까요? 끔찍한 광경이 보이더군요. 이미 도착해 있던 산림 감시원과 등산객이 현장을 살피고 있었지만, 아무것도 할 수 있는 일이 없었죠. 워낙 높은 곳에서 추락하는 바람에 바로 목숨을 잃었으니까요.

아니, 대체 왜 이런 극야 시간에 등반을 했던 걸까요? 정말 미친 짓이에요.
게다가 그 사람은 장비조차 제대로 갖추고 있지 않았더라고요.
그러니 이런 참사가 벌어진 거라고 봐요.

사건의 실마리

이 사건을 해결하기 위해 굳이 여기 나온 단서를 읽을 필요는 없습니다. 하지만 당신의 추리가 미궁에 빠져 있다면, 아래의 단서가 도움이 될 것입니다. 그렇지만 한꺼번에 다 읽으려고 하지는 마세요. 어쩌면 하나의 단서만으로도 수수께끼를 풀 수 있는 열쇠를 찾을지 모르니까요. 그럼 행운을 빌어요!

단서 1

로프가 시신의 어디에 있느냐 하는 것은 이 참사가 단순한 사고가 아니라는 점을 밝히는 데 결정적인 역할을 할 겁니다. 왜 그럴까요?

단서 2

휴대전화의 녹취 소프트웨어의 오류로 인해 글자 간격이 이상하게 바뀌었지만, 글자는 순서대로 배열되어 있습니다. 일단 간격을 무시하고 읽으면 무슨 의미인지 이해할 수 있습니다.

단서 3

용의자들이 착용한 아이템의 패턴은 범인의 정체를 밝히는 중요한 단서가 됩니다.
사건 현장을 자세히 살펴보고 범인이 남긴 발자국을 찾아보세요.

사건 해결

사건 현장을 자세히 살펴보고, 사건이 어떻게 일어났는지 알아봅시다.

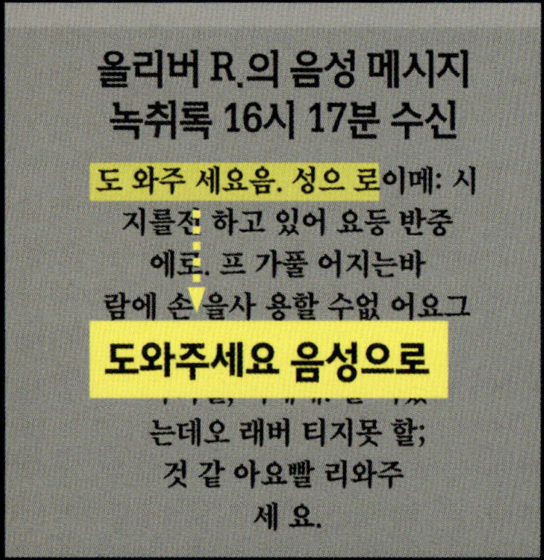

1 휴대전화에 저장된 통화 녹취록을 읽으려면, 소프트웨어의 오류로 인해 글자 간격이 이상하게 바뀌었지만 순서는 그대로 유지되고 있다는 점을 명심하세요.

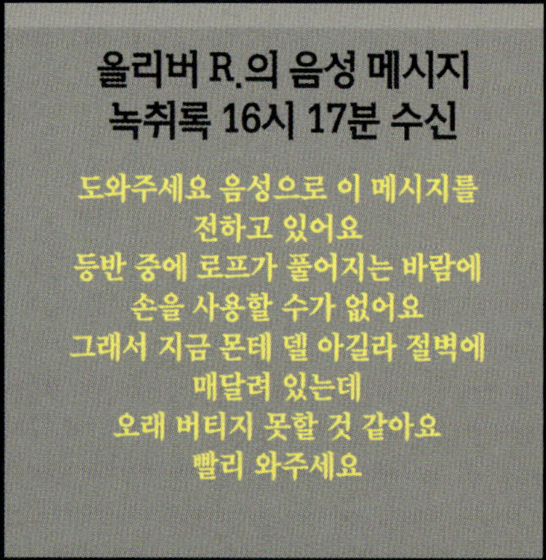

손을 사용할 수가 없어요

2 일단 글자 간격을 무시하고 글 전체를 읽어 내려가다 보면, 등반 중이던 피해자의 밧줄이 풀어지는 바람에 절벽에 매달려 있었다는 사실을 알 수 있습니다.

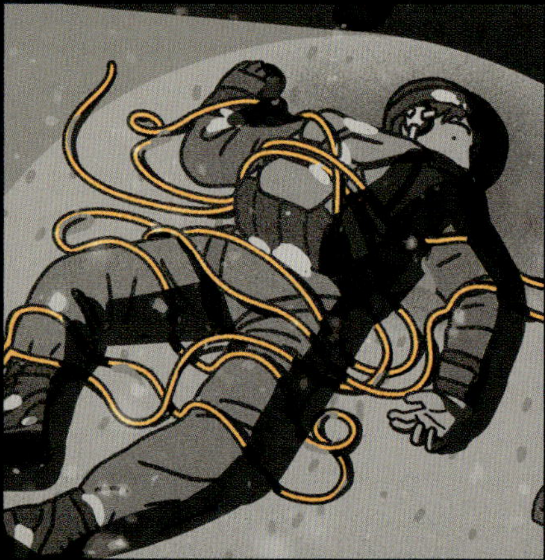

3 사건 현장에 가보니 로프가 시신 위에 놓여 있군요. 만약 밧줄이 먼저 떨어졌다면, 시체 아래에 있었을 겁니다. 따라서 이는 단순한 사고가 아니라 살인 사건임이 분명합니다.

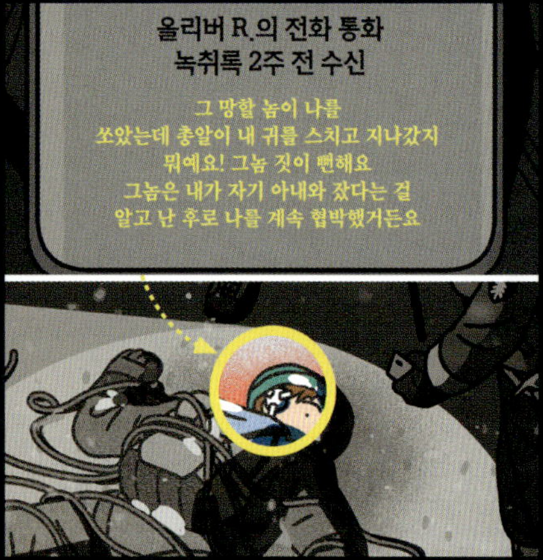

알고 난 후로 나를 계속 협박했거든요

4 피해자가 2주 전에 보낸 또 다른 메시지에는 누군가 자신에게 총을 쏴서 귀에 상처를 입혔다고 신고하는 내용이 담겨 있습니다. 피해자의 귀에 붕대가 감겨 있는 것으로 보아 그 메시지의 내용과 일치합니다. 이제 서서히 범행 동기가 드러나는군요. 자기 아내와 바람을 피운 남자에 대한 질투심입니다.

··· 처음에는 마을에서 시위대가 온 줄 알았죠. 안 그래도 몇 초 후면 그 사람들이 여기로 몰려 와서 소리를 지르고 구호를 외치기 시작했을 테니까요.
시민들의 건강을 심각하게 위협한다고 환경 단체에서는 연일 목소리를 높이고 있다.
시위대는 지난주부터 매일 오후 4시에 광산 앞에서 특유의 구호를 외치며 개발 중단을 촉구하고 있다.
몬테 델 아길라, 내년 전국 등반경기

5 과학 기지에서 일하는 과학자는 시위대가 몰려와 소리를 지르기 몇 초 전에 밖에서 '쿵' 하는 소리를 들었다고 합니다. 신문을 보면 사건이 언제 일어났는지 알 수 있어요. 오후 4시입니다.

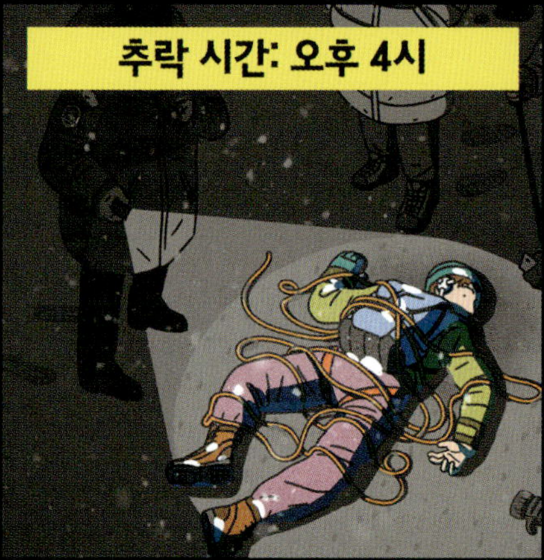

추락 시간: 오후 4시

6 이제 그 시간이 피해자의 사망 시간이라는 점이 밝혀졌군요.

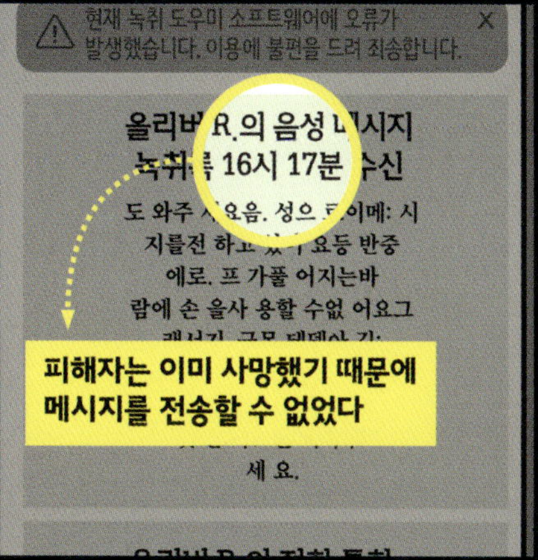

현재 녹취 도우미 소프트웨어에 오류가 발생했습니다. 이용에 불편을 드려 죄송합니다.
올리버 R.의 음성 메시지
녹취록 16시 17분 수신
피해자는 이미 사망했기 때문에 메시지를 전송할 수 없었다
세 요.

7 그렇다면 어떻게 16시 17분에 구조 요청 메시지가 전송되었을까요? 그때는 피해자가 이미 사망한 뒤였을 텐데 말이죠.

8 피해자가 추락한 후, 범인이 피해자의 휴대전화로 이 메시지를 보낸 것이 확실합니다. 발견 당시 피해자는 장갑을 벗고 있는데, 범인이 피해자의 지문을 사용해 잠금을 해제한 것이죠.

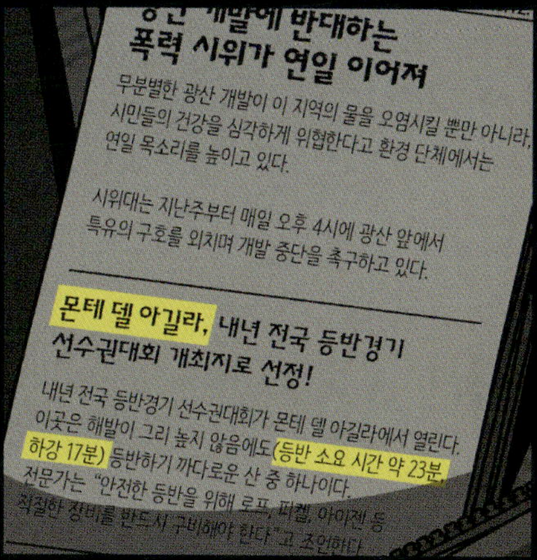

9 또한 신문에 이를 뒷받침하는 중요한 사실이 나오는군요. 몬테 델 아길라 산을 내려오는 데 정확히 17분이 걸린다고 합니다.

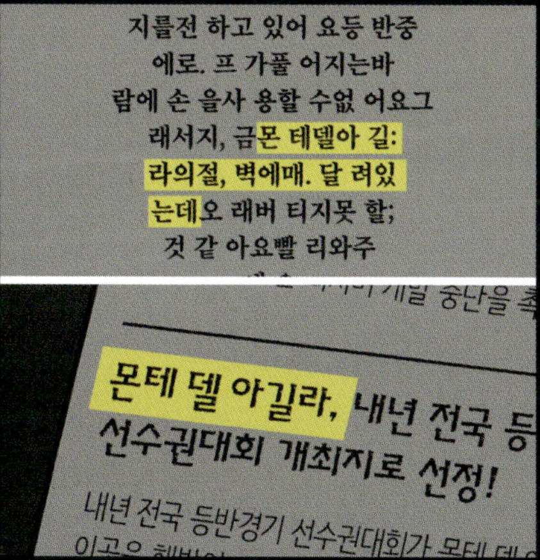

10 메시지를 보면 피해자가 그 산에서 있었다는 건 확실합니다. 그렇다면 범인은 피해자보다 먼저 산에 올라가 정상에서 그를 떠밀었을 가능성이 큽니다.

11 하지만 신문 기사에 따르면, 등반 시 적절한 장비를 사용하는 것이 중요하다고 하는군요. 가령 눈이나 빙판 위를 걸을 때 등산화 밑창에 부착하는 스파이크 모양의 금속 등산 용구인 아이젠 같은 것을 말이죠.

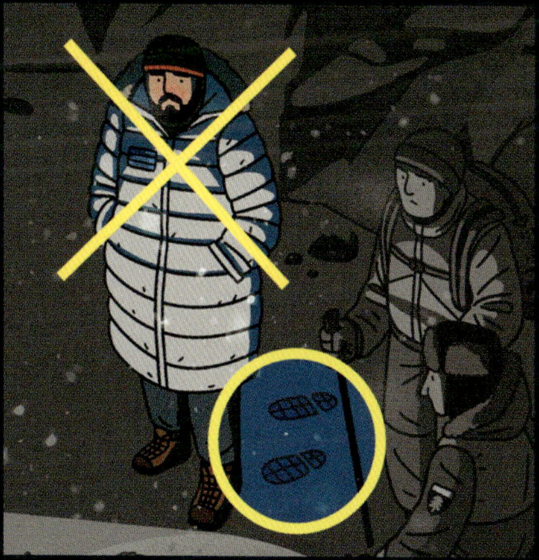

12 과학자는 로프나 피켈도 가지고 있지 않았을 뿐만 아니라, 발자국을 보면 아이젠도 착용하지 않은 것 같네요. 따라서 그는 용의선상에서 배제할 수 있습니다.

사건 해결

13 게다가 그는 사건 현장에 도착하는 데 25분이 걸렸다고 했죠. 그동안 범인이 산에서 내려와 거짓으로 구조 요청 메시지를 보내기에는 충분한 시간이었습니다.

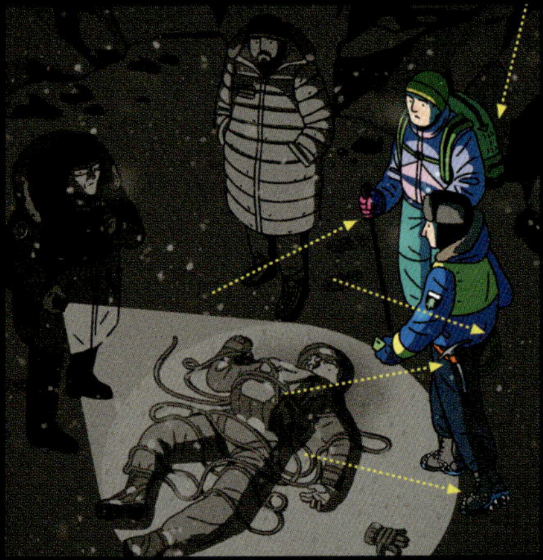

14 반면 산림 감시원과 다른 등산객은 모두 적절한 장비를 갖추고 있어요. 둘 중 누가 범인일까요?

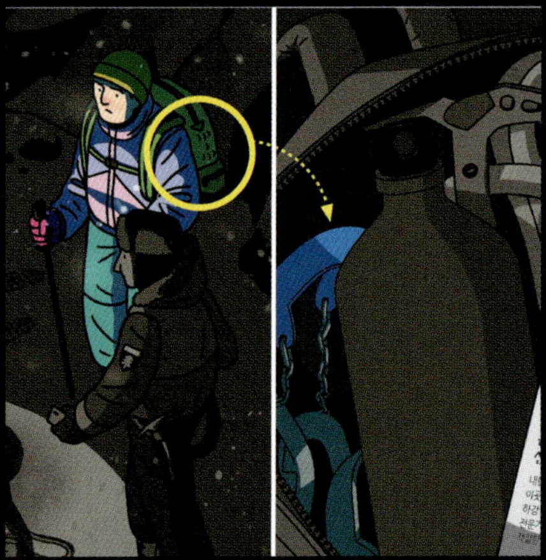

15 용의자 중 한 명의 배낭에서 뾰족한 무언가가 튀어나와 있습니다. 그건 배낭 안에 든 아이젠의 스파이크였어요. 뾰족한 끝이 배낭의 천에 닿아 있는데, 이를 통해 아이젠 밑창에 달린 스파이크의 패턴을 확인할 수 있습니다.

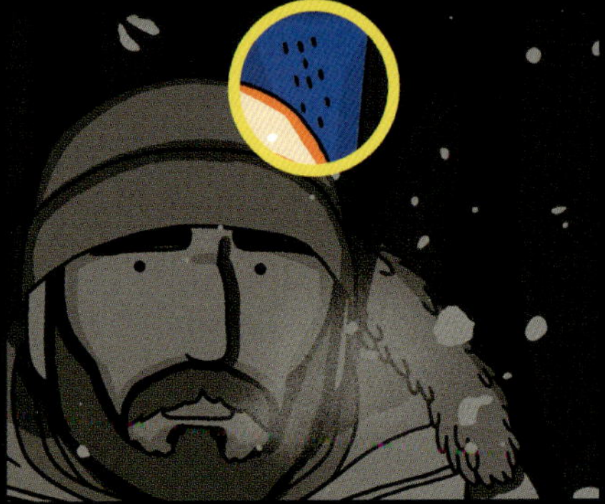

16 과학자의 뒤를 자세히 보세요. 사건 현장인 산의 빙벽에 아이젠 자국이 남아 있군요.

17 앞쪽 스파이크의 배열은 배낭에 있는 아이젠의 패턴과 일치하지만, 발뒤꿈치 부분은 산림 감시원의 것과 다릅니다. 배낭을 멘 등반가는 피해자보다 먼저 산을 올라가 정상에서 그를 밀어 떨어뜨렸습니다. 그가 바로 범인입니다.

어둠 속에서 떨어진 진실

사건의 진실

알래스카의 한 작은 마을 에니스. 이곳에서 산악 스포츠를 즐기던 한 남자는
최근 믿고 지내던 등반 동료 중 한 명이 자기 아내와 바람이 났다는 사실을 알게 되었다.
분노에 휩싸인 그는 동료를 죽이겠다고 수차례 협박했고, 결국 감정을 주체하지 못해 그에게 총을 쏘기도 했다.
다행히 총알은 그의 귀만 스치고 지나갔을 뿐이었다. 분이 풀리지 않았던 그는 더욱 철저한 살인을 계획했다.

그리고 얼마 지나지 않아 그는 동료가 조만간 몬테 델 아길라 산을 등반할 예정이라는 사실을 알게 되었다.
복수를 실행하기에 완벽한 기회였다. 그는 동료보다 먼저 산 정상에 올라가 피해자가 오기만을 기다렸다.
얼마 후, 마침내 목표가 모습을 드러내자 범인은 조용히 다가가 한순간에 동료를 절벽 아래로 밀어버렸다.
피해자는 공중으로 날아가듯 떨어지면서 날카로운 비명을 질렀다.
그 소리는 25분 거리에 있는 과학 기지에서도 들릴 정도로 컸다.

절벽 아래로 떨어진 피해자는 충격으로 즉사했다. 그리고 곧이어 로프가 그의 시신 위로 떨어졌다.

범인은 즉시 산을 전속력으로 내려왔다. 시신이 있는 곳에 도착한 범인은 피해자의 장갑을 벗기고,
그의 손가락을 이용해 휴대전화의 잠금을 해제했다. 그런 다음 피해자인 척하며 현재 절벽에 매달려 있는데,
얼마 버티지 못할 것 같다는 긴급 구조 요청 메시지를 보냈다.

그런데 한 가지 변수가 남아 있었다. 눈이 충분히 내리지 않아, 산림 감시원이 도착할 때까지 자신의 발자국이
눈에 덮이지 않을 가능성이 컸다. 이런 상태에서 서둘러 달아났다가는 오히려 범행이 탄로날 위험이 있었다.
그는 즉시 아이젠을 벗어 배낭에 숨기고, 우연히 시신을 발견한 척하기 위해 그 자리에 남아 있기로 했다.
하지만 탐정의 날카로운 눈썰미는 사건 현장에서 의심스러운 점을 발견했고, 그는 현장에서 바로 체포되었다.

CASE 11

드래그 퀸의 습격

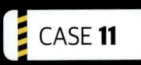

형형색색의 가발, 반짝이는 하이힐, 울려 퍼지는 음악. 이 화려한 드래그 파티가 비극으로 끝날 것이라고 예상한 사람은 아무도 없었습니다. 하지만 이 가라오케에서 끔찍한 사건이 벌어지고 말았습니다. 두 사람이 격렬한 말다툼을 벌였는데, 얼마 지나지 않아 그중 한명이 목에 하이힐이 박힌 채 바닥에 쓰러진 것이죠. 피가 흥건히 번지고 결국 피해자는 숨을 거두고 말았습니다.

당신은 사건 현장에 도착하자마자 범인이 도주하지 못하도록 모든 출구를 봉쇄했습니다. 목격자들은 하나같이 살인자가 *드래그 퀸이라고 증언했어요. 그런데 정말로 범인이 드래그 퀸이라면, 수사가 더 복잡해질 수 있습니다. 몸을 숨긴 범인이 몰래 여성복을 처분했다면, 신원을 알아내기가 어려워질 테니까요. 과연 범인은 어디에 숨어 있을까요?

사건을 해결하는 데 걸린 시간은? 88:88

이 사건의 범인은?

그 증거는?

살해 동기는?

* 드래그 퀸(drag queen):
엔터테인먼트를 목적으로 여성적 기호와 성 역할을 모방하고 과장하는 의상과 화장을 하는 사람을 가리킴.

비상출구
그와 대화하기 (164쪽)
사진 자료를 확인하기 (166쪽)
스탠드바를 살펴보기 (168쪽)

피해자 친구의 진술

그의 말은 수사에 중요한 단서가 될 수 있을 것입니다.

알폰소는요… 제 가장 친한 친구였어요. 우리는 노래하고, 춤추고, 그냥 신나게 파티를 즐기고 있었죠. 분위기도 점점 무르익어 갔고요. 그런데 갑자기 그 드래그 퀸이 저한테 다가와서 말을 걸기 시작하더라고요. 한 30대에서 40대 사이로 보였어요. 처음부터 저한테 관심 있는 것 같았는데, 솔직히 저는 전혀 그런 마음이 없었거든요. 그래도 예의상 대화를 이어가긴 했어요. 근데 제가 무슨 신호를 보낸 것도 아닌데, 저한테 끈적하게 다가오는 게 느껴지더라고요. 결국 화장실까지 따라와서는 키스하려고 하더군요. 저는 일단 피하면서 최대한 부드럽게 거절했죠. 난 관심이 없으니까 성가시게 굴지 말라고. 그런데도 계속 저를 집적대더니, 갑자기 거칠게 확 바뀌면서 강제로 추행하려고 하는 거예요.

순간 전… 진짜 겁이 덜컥 났어요. 어떻게든 빨리 빠져나가야겠다는 생각뿐이었어요. 그래서 황급히 뛰쳐나와서 알폰소에게 달려갔죠. 자초지종을 설명했더니, 걔가 갑자기 화를 버럭 내더라고요. 사실… 알폰소는 좀 욱하는 성격이었어요. 친구들 일에는 앞뒤 가리지 않고 나서곤 했거든요. 그래서 알폰소가 그 드래그 퀸이랑 말다툼을 벌이기 시작했는데, 점점 상황이 험악해졌어요. 그러다 갑자기 그 사람이 하이힐을 벗더니… 그다음은 굳이 말 안 해도 아시겠죠.

범인을 찾는 데 도움을 드리고 싶지만, 무슨 말을 더 해야 할지 모르겠어요. 아, 그런데 하나 기억나는 게 있어요! 플로어에서 얘기하고 있을 때, 그 드래그 퀸이 갑자기 여장을 하지 않은 모습을 보여주고 싶다며 인스타그램을 켜더라고요. 제가 옆에서 슬쩍 봤는데, 계정 아이디가 문자 하나와 몇 개의 숫자로 되어 있었어요. 자기 이름 이니셜이랑 생년월일로 만든 것 같았는데… 정확한 건 기억이 안 나요. 죄송해요. 저… 물 좀 마셔도 될까요?

탐정님, 보고드립니다. 당시 현장에 있던 목격자들에게 그 드래그 퀸이 찍힌 사진이 있으면 모두 보내달라고 요청했습니다. 그렇게 받은 사진들을 정리했습니다. 그런데 수색 중 화장실에서 그 드래그 퀸의 옷과 가발을 발견했어요. 그리고 사진에는 나오지 않았지만 그의 것으로 추정되는 핸드백도 함께 있었습니다. 아마 그 가방 안에 갈아입을 옷이 들어 있었을 가능성이 큽니다. 즉, 범인은 아직 이곳에 남아 있을 가능성이 높습니다. 다만 이미 남자의 옷차림과 얼굴로 돌아갔을 테니 쉽게 알아보긴 어려울 것 같습니다.

BIRTHDAY QUEEN
兔

KARAOKE LIU XI
ese Zodiac
RAT
OX
TIGER
RABBIT
DRAGON
SNAKE
HORSE
GOAT
beep
가라오케
리우 시
2024
행사 일정
헤비메탈 파티: 매주 금요일
코스프레 파티: 매월 마지막 수요일
실버 나이트: 매월 첫 번째 일요일
드래그 파티: 매월 마지막 월요일
틴스 나이트: 매주 목요일
레이디스 나이트: 매주 화요일
January
February
March
April
May
June
July
August
September
October
November
December

사건의 실마리

이 사건을 해결하기 위해 굳이 여기 나온 단서를 읽을 필요는 없습니다. 하지만 당신의 추리가 미궁에 빠져 있다면, 아래의 단서가 도움이 될 것입니다. 그렇지만 한꺼번에 다 읽으려고 하지는 마세요. 어쩌면 하나의 단서만으로도 수수께끼를 풀 수 있는 열쇠를 찾을지 모르니까요. 그럼 행운을 빌어요!

단서 1

범인이 누구인지 찾는 것은 어렵지 않아요. 경찰이 조사하고 있는 휴대전화 갤러리의 모든 사진에서 다 나오는 드래그 퀸만 찾으면 되니까요. 사람들이 많이 나오지 않는 사진을 보면 더 쉽게 찾을 수 있을 거예요. 그들 중에 범인이 있습니다.

단서 2

드래그 퀸의 몸에 있는 한자 문신은 스탠드바 뒤에 있는 포스터에도 나오는군요. 이 포스터를 통해 그의 출생 연도를 확인할 수 있습니다. 어느 목격자에 따르면, 그 드래그 퀸의 나이가 30대에서 40대 사이일 거라고 하는군요.

단서 3

그의 팔찌에 있는 기호를 목격자의 티셔츠에서 찾을 수 있습니다. 이는 별자리의 기호로, 범인이 태어난 달을 아는 데 결정적인 단서가 됩니다.

사건 해결

사건 현장을 자세히 살펴보고, 사건이 어떻게 일어났는지 알아봅시다.

…저를 계속 집적대더니, 갑자기 거칠게 확 바뀌면서 강제로 추행하려고 하는 거예요. …어떻게든 빨리 빠져나가야겠다는 생각뿐이었어요. 그래서 황급히 뛰쳐나와서 알폰소에게 달려갔죠. 자초지종을 설명했더니, 걔가 갑자기 화를 버럭 내더라고요.

1 목격자의 진술이 사건을 해결하는 열쇠입니다. 범인이 피해자를 강제로 추행하려 하자, 격렬한 싸움이 벌어졌죠. 결국 드래그 퀸이 하이힐로 피해자의 목을 찌르고 말았어요.

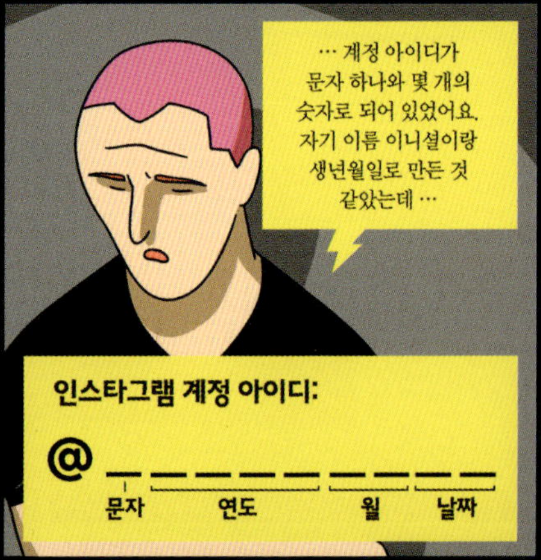

2 목격자는 드래그 퀸이 여장을 하지 않은 자신의 사진을 보여주려고 했을 때, 인스타그램의 사용자 이름을 눈여겨봤습니다. 그 이름은 범인의 이니셜과 생년월일로 만든 것으로 추정됩니다.

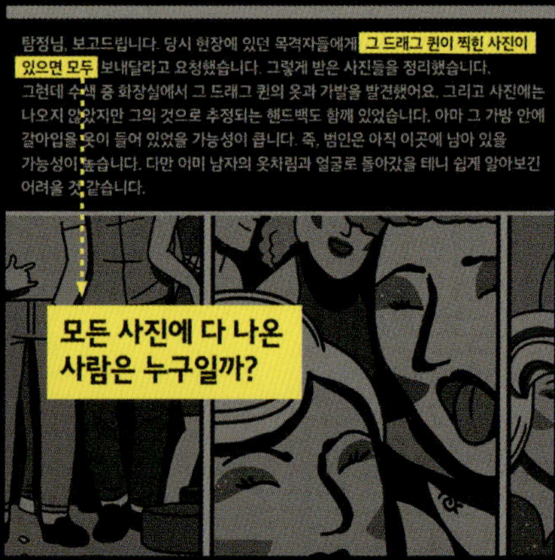

탐정님, 보고드립니다. 당시 현장에 있던 목격자들에게 그 드래그 퀸이 찍힌 사진이 있으면 모두 보내달라고 요청했습니다. 그렇게 받은 사진들을 정리했습니다. 그런데 수색 중 화장실에서 그 드래그 퀸의 옷과 가발을 발견했어요. 그리고 사진에는 나오지 않았지만 그의 것으로 추정되는 핸드백도 함께 있었습니다. 아마 그 가방 안에 갈아입을 옷이 들어 있었을 가능성이 큽니다. 즉, 범인은 아직 이곳에 남아 있을 가능성이 높습니다. 다만 이미 남자의 옷차림과 얼굴로 돌아갔을 테니 쉽게 알아보긴 어려울 것 같습니다.
모든 사진에 다 나온 사람은 누구일까?

3 태블릿에서 문제의 드래그 퀸이 등장하는 사진을 확인할 수 있어요. 범인이 누구인지 알아내려면 모든 사진에 다 나오는 사람을 찾아야 합니다.

4 사진에서 주황색 가발에 보라색 옷을 입은 사람이 바로 그 드래그 퀸이에요.

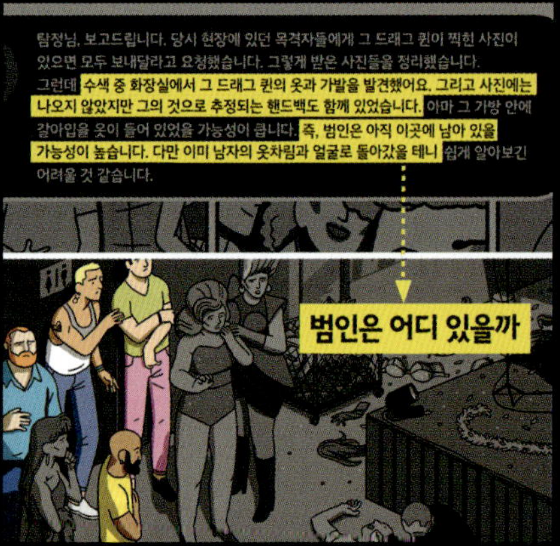

탐정님, 보고드립니다. 당시 현장에 있던 목격자들에게 그 드래그 퀸이 찍힌 사진이 있으면 모두 보내달라고 요청했습니다. 그렇게 받은 사진들을 정리했습니다. 그런데 수색 중 화장실에서 그 드래그 퀸의 옷과 가발을 발견했어요. 그리고 사진에는 나오지 않았지만 그의 것으로 추정되는 핸드백도 함께 있었습니다. 아마 그 가방 안에 갈아입을 옷이 들어 있었을 가능성이 큽니다. 즉, 범인은 아직 이곳에 남아 있을 가능성이 높습니다. 다만 이미 남자의 옷차림과 얼굴로 돌아갔을 테니 쉽게 알아보긴 어려울 것 같습니다.
범인은 어디 있을까

5 이제 드래그 퀸의 모습을 알게 되었지만 보고에 따르면 가발과 옷이 화장실에서 발견되었다고 해요. 그래서 여장을 하지 않은 그를 현장에서 알아보기는 불가능하다 하는군요.

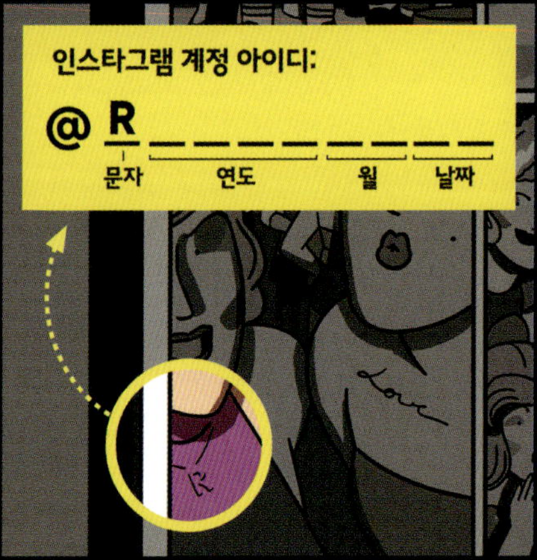

6 그의 인스타그램 사용자 이름을 알려면 그의 사진에서 단서를 찾아야 합니다. 우선 목걸이 덕분에 그의 이름 이니셜을 알 수 있어요.

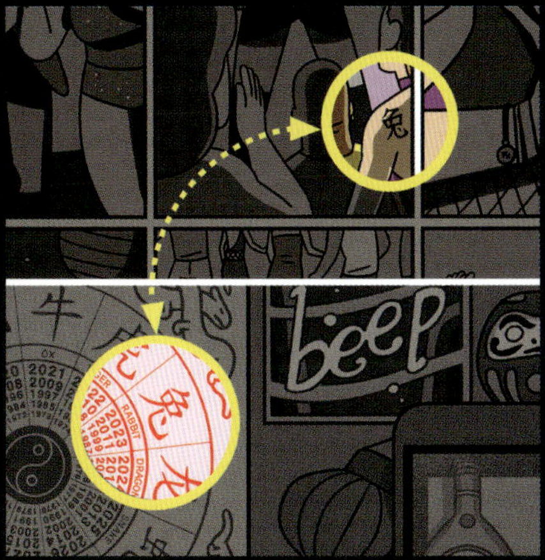

7 또 다른 단서는 한자로 된 그의 문신입니다. 우연히도 그 한자가 사건 현장의 다른 곳, 즉 스탠드바 뒤의 12간지 포스터에도 등장하는군요.

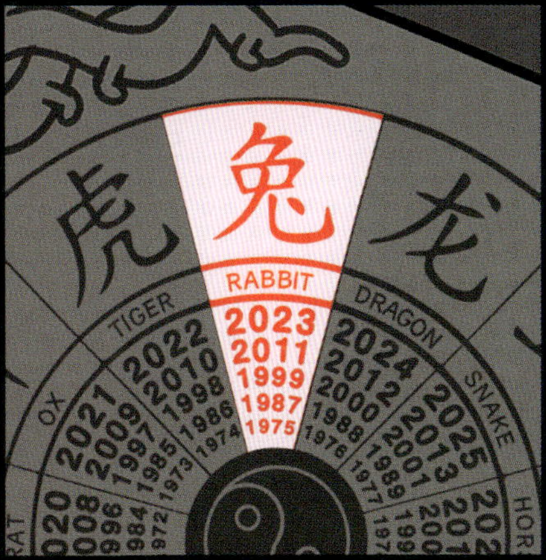

8 이 글자는 '토끼'를 의미하는 한자입니다. 12간지에 따르면, 동그라미 안에 표시된 해에 태어난 사람들은 모두 토끼띠에 속합니다.

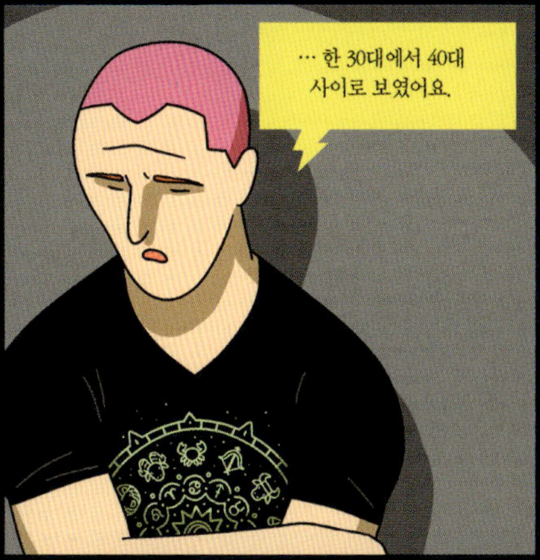

9 목격자에 따르면, 범인은 30대에서 40대 사이로 보였다고 하네요.

10 가라오케의 행사 일정 달력을 보면 파티가 열린 연도는 2024년입니다. 그렇다면 범인이 태어난 연도는 1987년밖에 없을 겁니다(2024년 기준 37살). 1975년에 태어났다면 48살, 1999년에 태어났다면 25살일 테니까요.

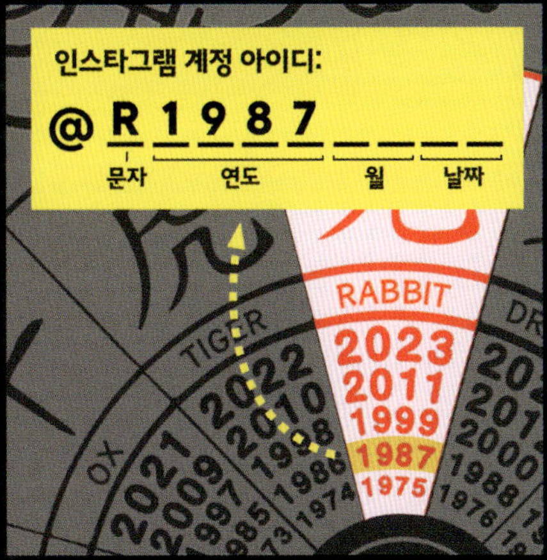

11 이제 그의 인스타그램 사용자 이름에 탄생 연도를 넣을 수 있습니다.

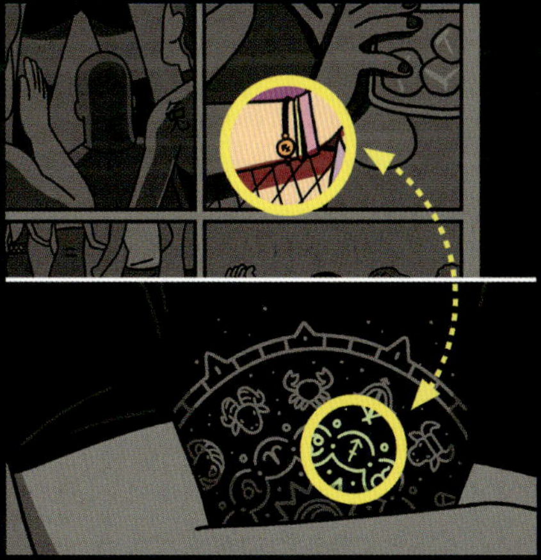

12 범인의 복장에서 또 한 가지 주목해야 할 또 하나의 단서는 그의 팔찌입니다. 그 팔찌에는 목격자의 티셔츠에도 있는 별자리 문양이 새겨져 있어요.

사건 해결

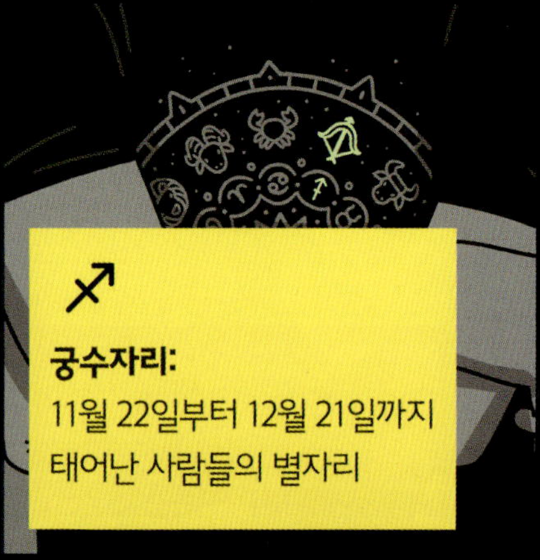

13 그 문양은 궁수자리의 상징인데, 이 별자리를 가진 사람들은 11월 22일에서 12월 21일 사이에 태어납니다.

14 따라서 사용자 이름에서 태어난 달을 나타내는 칸에는 11, 또는 12가 들어가야 합니다.

15 이제 태어난 날짜만 입력하면 범인의 프로필을 완성할 수 있습니다. 어느 사진에서 그는 어깨띠를 두르고 등장하는군요. 사건이 일어난 날 밤, 범인은 생일이었어요. 그렇다면 오늘이 며칠이죠?

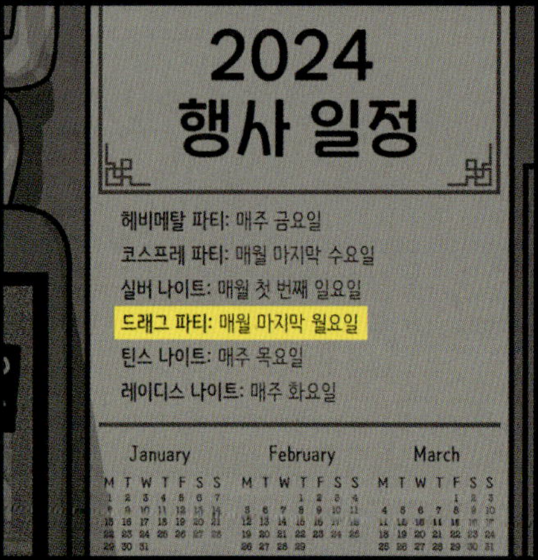

2024
행사 일정
헤비메탈 파티: 매주 금요일
코스프레 파티: 매월 마지막 수요일
실버 나이트: 매월 첫 번째 일요일
드래그 파티: 매월 마지막 월요일
틴스 나이트: 매주 목요일
레이디스 나이트: 매주 화요일
January
February
March

16 가라오케 행사 일정을 보면 드래그 파티는 매월 마지막 주의 월요일에 열리는 것을 알 수 있습니다.

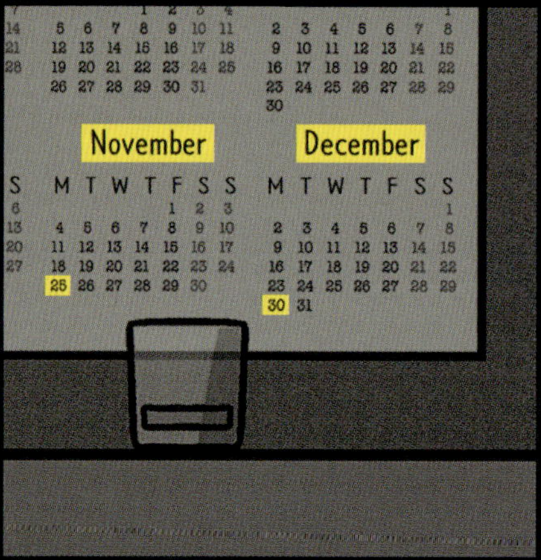

17 만약 그가 11월이나 12월에 태어났다면, 그의 생일은 11월 25일이거나 12월 30일이어야 합니다.

18 이제 그의 인스타그램 프로필을 찾을 수 있는 두 가지 조합이 가능해졌어요. 궁수자리이기 때문에 그의 생일은 11월 25일만 가능합니다.

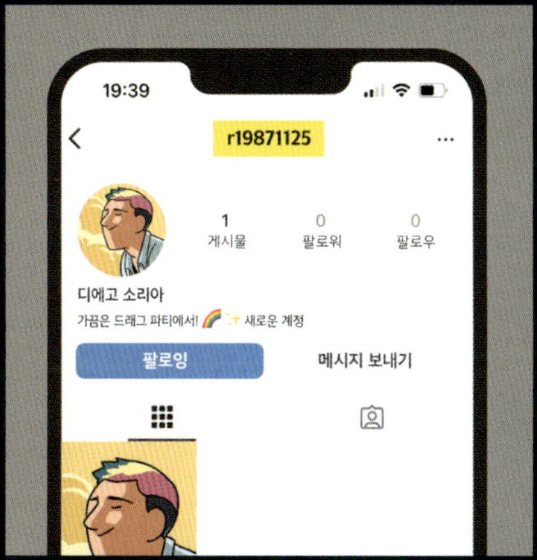

19 범인의 인스타그램에 들어가 보니 세 가지 색깔로 염색한 그의 머리가 눈에 띄는군요.

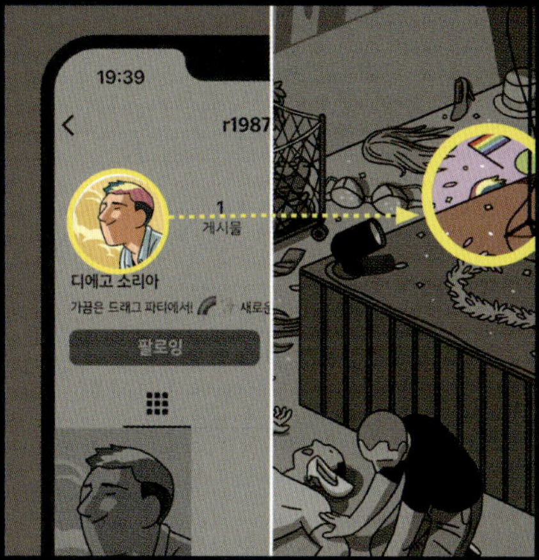

20 그렇다면 세 가지 색깔로 염색한 사람은 어디 있을까요? 자세히 관찰하면 무대 뒤에 숨어있는 범인이 보입니다. 버려진 가발인 줄 알았는데 사실은 비상구를 통해 달아나려는 범인이었던 거죠.

드래그 퀸의 습격

사건의 진실

중국 가라오케 바 '리우 시'에서는 매월 마지막 주 월요일마다 화려한 드래그 파티가 열린다.
파티가 흥겹다는 소문을 들은 두 친구는 직접 분위기를 느껴보기로 했다. 음악이 울려 퍼지는 가운데,
술을 마시며 드래그 퀸들과 어울릴 생각이었다.

신나는 파티를 즐기는 중에 한 드래그 퀸이 두 친구 중 한 명에게 다가와 관심을 보이며 말을 걸었다.
두 사람은 잠시 이야기를 나누었는데, 대화 도중 남자는 여장을 하지 않았을 때 드래그 퀸이 어떤 모습일지
상상이 가지 않는다고 말했다. 그러자 드래그 퀸은 미소를 지으며 휴대전화를 꺼내 자신의 인스타그램 계정을 보여주었다.
화면 속에는 확연한 남자의 얼굴이 있었다.

대화가 이어지던 중, 남자가 화장실에 가려고 자리를 떴다. 그런데 그를 따라 들어온 드래그 퀸이 갑자기 다가와
키스를 하려 했다. 남자는 황급히 몸을 피하며 관심이 없다고 단호하게 거절했다. 그러자 드래그 퀸은
표정이 사납게 일그러지더니 점점 거칠게 다가왔다. 남자는 가까스로 빠져나와 친구에게 이 사실을 털어놓았다.
이야기를 들은 친구는 분노를 참지 못하고 마침 화장실에서 나오던 드래그 퀸에게 달려갔다.
순식간에 말다툼이 벌어졌고, 분위기는 점점 험악해졌다. 그러다 갑자기 그 드래그 퀸은 신고 있던 하이힐을
벗어 들고 상대의 목을 내리쳤다. 불행히도 하이힐의 뾰족한 끝이 경동맥을 깊숙이 찌르는 바람에
피해자는 바닥으로 쓰러진 채 순식간에 숨이 끊어지고 말았다.

겁에 질린 드래그 퀸은 서둘러 화장실로 도망쳐 화장을 지웠다. 입고 있던 화려한 드레스와 가발도
벗어서 구석에 던져 버렸다. 핸드백 속 반바지와 민소매 셔츠로 갈아입고 원래의 남자 모습으로 나가면
아무도 자신을 알아보지 못할 테니 사람들 속에 섞여 몰래 도망칠 생각이었다.

하지만 그의 예상보다 빠르게 경찰이 도착해 건물 출입구를 봉쇄하는 바람에 도망치는 데 실패했다.
그는 일단 구석에 숨어 있다가 어수선한 틈을 타 비상구를 찾아 달아나기로 했다.
하지만 목격자의 진술을 바탕으로 여장하지 않은 모습을 빠르게 특정한 탐정 덕분에
결국 그는 사건 현장에서 바로 체포되었다.

비상출구

CASE 12

기내 살인 미스터리

당신이 탄 짐바브웨행 비행기에서 갑자기 한 승객이 바닥으로 쓰러졌습니다.
모두가 놀란 사이, 또 다른 승객들도 연달아 죽은 채 발견됐어요.
고요했던 기내는 원인을 알 수 없는 죽음이 발생하자 혼란에 휩싸입니다.
도대체 무슨 일이 벌어지고 있는 걸까요?

처음에는 식중독을 의심했지만 같은 음식과 음료를 먹은 다른 승객들은 모두 멀쩡했습니다.
그렇다면 이건 누군가 의도적으로 살인을 저지른 게 아닐까요?
아직 비행기는 하늘을 날고 있고 범인은 이 안에 있습니다. 시간이 없습니다.
다음 피해자가 또 발생하기 전에 범인을 잡아야 합니다. 과연 범인은 누구이며,
어떻게 범죄를 저지른 걸까요?

사건을 해결하는 데 걸린 시간은? 88:88

이 사건의 범인은?

그 증거는?

살해 동기는?

여행 가방을 열어보기 (179쪽)
비행 계획서를 요청하기 (180쪽)
잡지를 살펴보기 (181쪽)
책을 확인하기 (178쪽)

이 종이 흥미로운 이유는 거미줄 사이에 형성된 삼각형의 개수를 세는 것만으로도 거미줄을 만드는 데 걸리는 시간을 계산할 수 있다는 점이다(단, 계산할 때는 세 변이 모두 거미줄로 이루어진 삼각형만 포함할 것).

레탈록수안다 Letaloxuanda

독성: 치명적
거미줄 완성 시간: 삼각형 한 개당 30분

톡시코그나타 Toxicognatha

독성: 치명적
거미줄 완성 시간: 삼각형 한 개당 1시간

베니고미아릭스 Venigomiarix

독성: 치명적
거미줄 완성 시간: 삼각형 한 개당 30분

크루이도실리아 Cruidocillia

독성: 치명적
거미줄 완성 시간: 삼각형 한 개당 40분

ARACHNO VENOM
ANTITOXIN
LIVE
ANIMALS CARGO
G.R.A.C.E.
외래 야생동물 사냥 금지를 위한
비타협적 · 선구적 행동 단체
우리는 혁명적 무정부주의 및 비건 채식주의
단체로서, 전 세계적으로 외래 야생동물에게
해를 끼치는 모든 여가 활동,
특히 동물의 죽음과 관련된 행위를
전면적으로 금지하는 것을 목표로
활동하고 있습니다.

전세기 비행 계획서

항공편 정보

출발지: 뉴욕
목적지: 짐바브웨
비행시간: 15시간
주관사: 야생 동물 레크리에이션 사냥 전문 사파리 마제스틱
출발시간: 07:00

탑승 현황:
경유지 탑승 승객 좌석을 제외하면 만석

유지 1

착 시간: 09:00
탑승 승객 좌석: 2C, 4D, 6C, 8B, 10A, 14A, 14B, 16D, 19A, 20B, 20C.
하차 승객: 없음

경유지 2

도착 시간: 12:00
탑승 승객 좌석: 3A, 5A, 5C, 9B, 11A, 14D, 15B, 16A, 16C, 22B, 22C.
하차 승객: 없음

각 좌석 승객이 선택한 무료 제공 음료 목록

1A - 생수
1B - 생수
1C - 생수
1D - 코카콜라
2A - 코카콜라
2B - 화이트와인
2C - 생수
2D - 환타(오렌지)
3A - 화이트와인
3B - 레드와인
3C - 레드와인
3D - 맥주
4A - 코카콜라
4B - 생수
4C - 코카콜라
4D - 맥주
5A - 생수
5B - 레드와인
5C - 환타(오렌지)
5D - 화이트와인
6A - 코카콜라
6B - 환타(오렌지)
6C - 맥주
6D - 맥주
7A - 생수
7B - 맥주
7C - 코카콜라
7D - 코카콜라
8A - 환타(오렌지)
8B - 화이트와인
8C - 생수
8D - 레드와인
9A - 코카콜라
9B - 맥주
9C - 생수
9D - 코카콜라
10A - 맥주
10B - 화이트와인
10C - 맥주
10D - 생수
11A - 레드와인
11B - 맥주
11C - 생수
11D - 생수
12A - 맥주
12B - 맥주
12C - 코카콜라
12D - 맥주
13A - 맥주
13B - 코카콜라
13C - 맥주
13D - 맥주
14A - 코카콜라
14B - 생수
14C - 맥주
14D - 맥주
15A - 레드와인
15B - 코카콜라
15C - 생수
15D - 화이트와인
16A - 코카콜라
16B - 환타(오렌지)
16C - 코카콜라
16D - 화이트와인
17A - 화이트와인
17B - 맥주
17C - 레드와인
17D - 생수
18A - 맥주
18B - 맥주
18C - 생수
18D - 코카콜라
19A - 맥주
19B - 레드와인
19C - 맥주
19D - 화이트와인
20A - 화이트와인
20B - 맥주
20C - 생수
20D - 생수
21A - 맥주
21B - 화이트와인
21C - 맥주
21D - 생수
22A - 맥주
22B - 레드와인
22C - 맥주
22D - 맥주

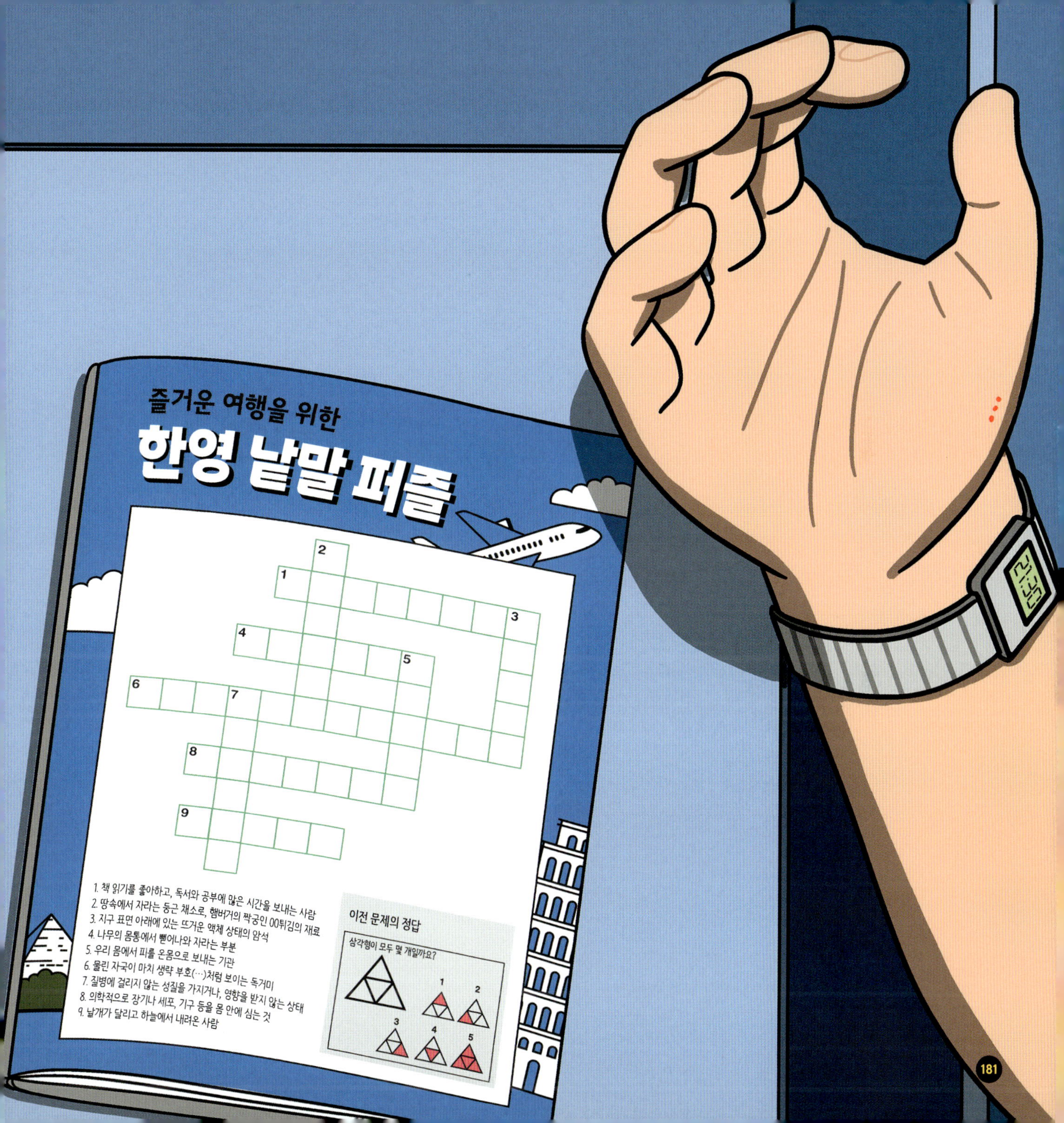

즐거운 여행을 위한
한영 낱말 퍼즐
1
2
3
4
5
6
7
8
9
1. 책 읽기를 좋아하고, 독서와 공부에 많은 시간을 보내는 사람
2. 땅속에서 자라는 둥근 채소로, 햄버거의 짝궁인 00튀김의 재료
3. 지구 표면 아래에 있는 뜨거운 액체 상태의 암석
4. 나무의 몸통에서 뻗어나와 자라는 부분
5. 우리 몸에서 피를 온몸으로 보내는 기관
6. 물린 자국이 마치 생략 부호(…)처럼 보이는 독거미
7. 질병에 걸리지 않는 성질을 가지거나, 영향을 받지 않는 상태
8. 의학적으로 장기나 세포, 기구 등을 몸 안에 심는 것
9. 날개가 달리고 하늘에서 내려온 사람
이전 문제의 정답
삼각형이 모두 몇 개일까요?
1
2
3
4
5

사건의 실마리

이 사건을 해결하기 위해 굳이 여기 나온 단서를 읽을 필요는 없습니다. 하지만 당신의 추리가 미궁에 빠져 있다면, 아래의 단서가 도움이 될 것입니다. 그렇지만 한꺼번에 다 읽으려고 하지는 마세요. 어쩌면 하나의 단서만으로도 수수께끼를 풀 수 있는 열쇠를 찾을지 모르니까요. 그럼 행운을 빌어요!

단서 1

자세히 비행 계획서를 확인해 보면, 승객이 보기보다 훨씬 더 많다는 것을 알 수 있어요.
하지만 범인은 사건이 벌어진 객실 구역에 있는 것이 분명합니다. 그의 여행 가방이 거기에 있으니까요.
사건 현장의 좌석들이 어디인지 알려면, 무료로 제공하는 음료의 내역을 비행 계획서에서 확인하고
해당 좌석의 음료를 하나씩 확인해야 합니다.

단서 2

도감에 따르면, 이 거미들이 거미줄을 짜는 데 걸리는 시간은 거미줄에 만들어진 삼각형을 모두
세어보면 알 수 있다고 합니다. 두 개의 삼각형이 서로 합쳐지거나 겹치는 경우에도 또 다른 삼각형이
만들어질 수 있다는 점을 명심하세요. 눈에 보이는 삼각형뿐만 아니라 그렇게 만들어질 수 있는
삼각형을 모두 찾아야 합니다.

단서 3

거미가 그물을 짜는 데 걸린 시간을 알면, 거미가 풀려난 시간을 알아낼 수 있습니다. 이 사실을 확인하면, 비행 계획서를 통해 거미가 풀려났을 때 아직 비행기에 탑승하지 않은 많은 승객들을 용의선상에서 제외할 수 있을 거예요. 그러면 두 명의 용의자만 남게 됩니다. 여행 가방을 조사한 다음, 그것이 누구의 것인지 알아보세요.

사건 해결

사건 현장을 자세히 살펴보고, 사건이 어떻게 일어났는지 알아봅시다.

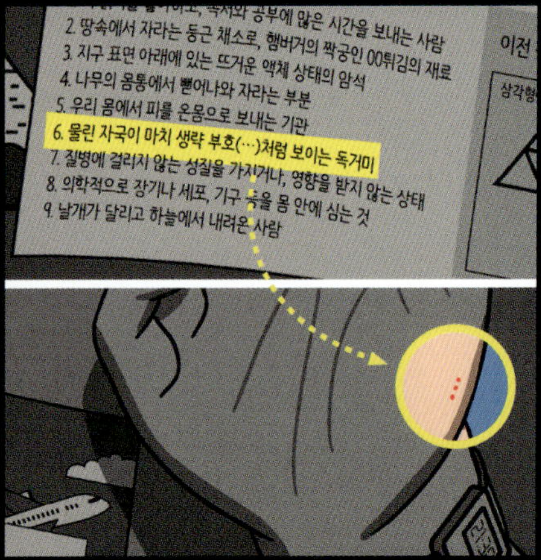

2. 땅속에서 자라는 둥근 채소로, 햄버거의 짝궁인 00튀김의 재료
3. 지구 표면 아래에 있는 뜨거운 액체 상태의 암석
4. 나무의 몸통에서 뻗어나와 자라는 부분
5. 우리 몸에서 피를 온몸으로 보내는 기관
6. 물린 자국이 마치 생략 부호(…)처럼 보이는 독거미
7. 질병에 걸리지 않는 성질을 가지거나, 영향을 받지 않는 상태
8. 의학적으로 장기나 세포, 기구 등을 몸 안에 심는 것
9. 날개가 달리고 하늘에서 내려온 사람

1 이 낱말 퍼즐에는 어느 독거미에게 물릴 경우, 생략 부호와 비슷하게 생긴 점 세 개가 피부에 남는다고 합니다. 이는 피해자의 손에 남은 자국과 정확히 일치합니다.

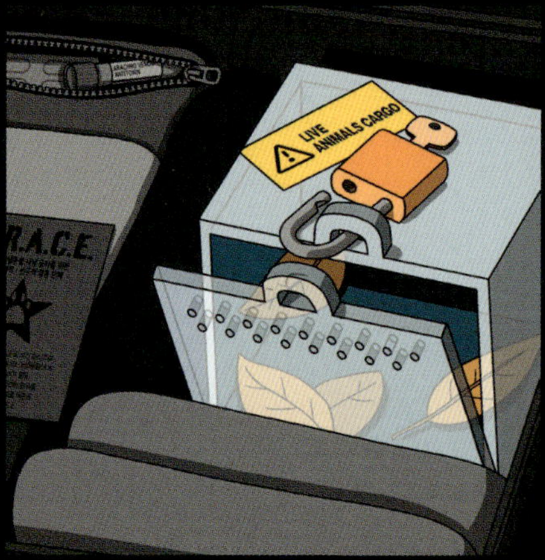

2 여행 가방 안에서 발견된 수하물의 자물쇠가 열려 있군요. 여기서 나온 거미가 승객들의 사망 원인이 되었을지도 모릅니다. 열쇠가 여전히 꽂혀 있는 것으로 보아, 누군가 일부러 연 것 같습니다.

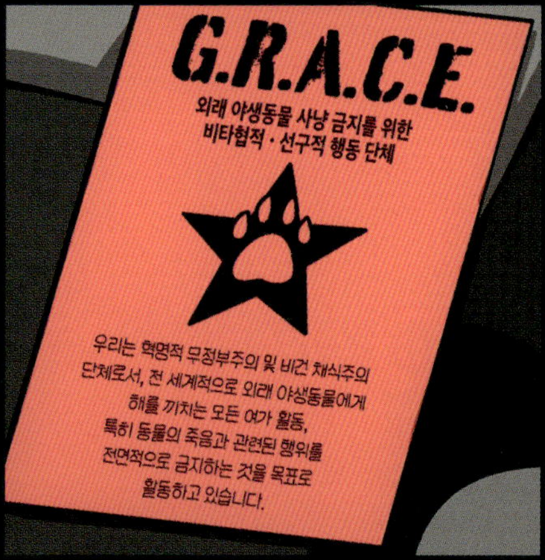

G.R.A.C.E.
외래 야생동물 사냥 금지를 위한 비타협적 · 선구적 행동 단체
우리는 혁명적 무정부주의 및 비건 채식주의 단체로서, 전 세계적으로 외래 야생동물에게 해를 끼치는 모든 여가 활동, 특히 동물의 죽음과 관련된 행위를 전면적으로 금지하는 것을 목표로 활동하고 있습니다.

3 문제의 여행 가방에서 발견된 전단지는 범행 동기에 대한 중요한 단서입니다. 이는 외래 야생동물의 사냥을 금지시키려고 노력하는 급진적인 동물권 운동 단체에서 만들었네요.

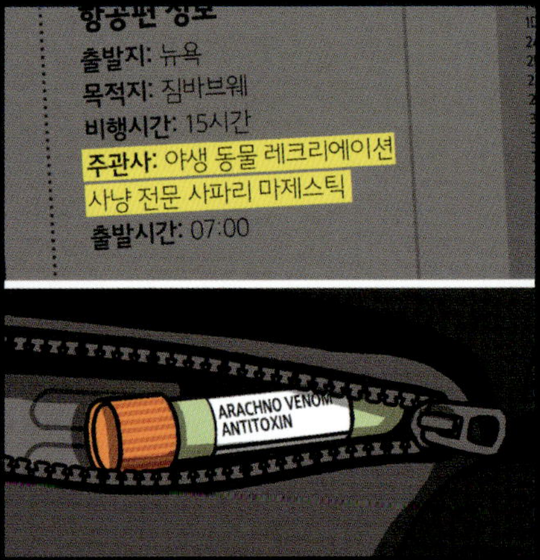

항공편 정보
출발지: 뉴욕
목적지: 짐바브웨
비행시간: 15시간
주관사: 야생 동물 레크리에이션 사냥 전문 사파리 마제스틱
출발시간: 07:00
ARACHNO VENOM ANTITOXIN

4 비행기는 야생 동물 사냥을 즐기기 위한 사람들로 가득 차 있었기 때문에 거미가 돌아다니며 닥치는 대로 사람들을 물어 죽이는 것이 단체의 목적이었던 거죠. 범인은 놀란 척했지만, 거미독 해독제를 가지고 있었기 때문에 걱정이 없었어요.

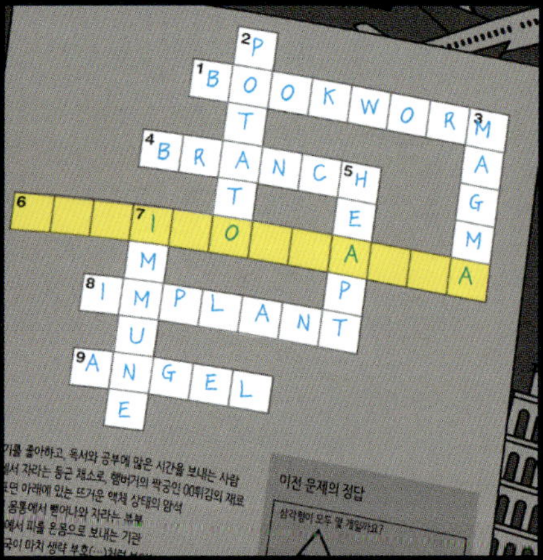

5 낱말 퍼즐을 다 푼다고 해도 거미의 정확한 이름을 알 수는 없지만, 글자의 배열을 통해 거미의 종류를 식별할 수 있습니다.

6 이제 동물 도감에 나오는 거미 중에서 어떤 종이 이 글자 배열과 일치하는지만 확인하면 됩니다. 6번 가로줄에 들어갈 단어는 톡시코그나타밖에 없군요.

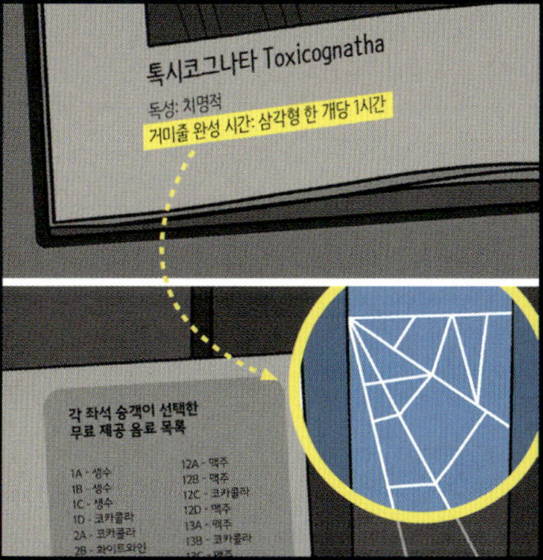

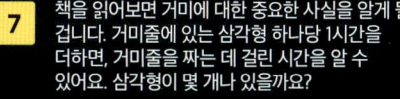

7 책을 읽어보면 거미에 대한 중요한 사실을 알게 될 겁니다. 거미줄에 있는 삼각형 하나당 1시간을 더하면, 거미줄을 짜는 데 걸린 시간을 알 수 있어요. 삼각형이 몇 개나 있을까요?

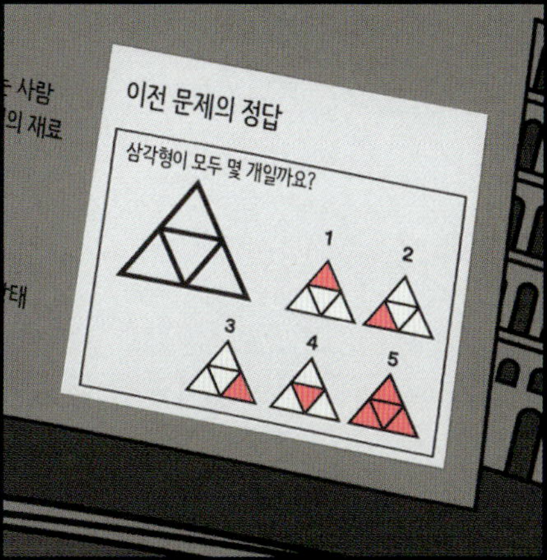

8 퍼즐 아래쪽에서 여러 삼각형이 겹치는 경우에 만들어지는 삼각형도 계산해야 한다고 알려주는군요.

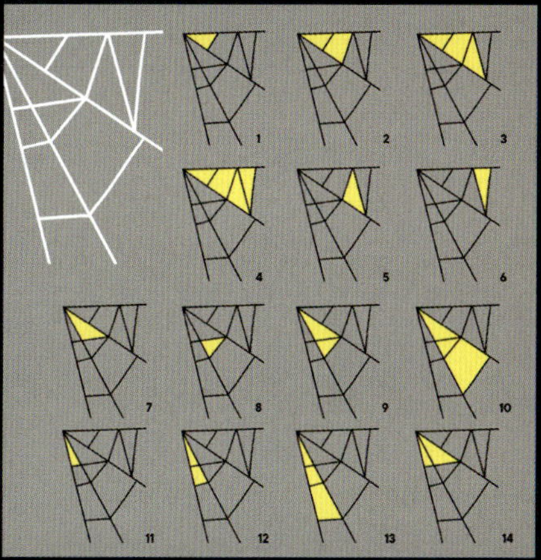

9 하나씩 세어보면 삼각형이 최대 14개까지 나오네요. 그렇다면 거미가 14시간 이상 전에 거미줄을 짜기 시작했다는 것을 의미합니다.

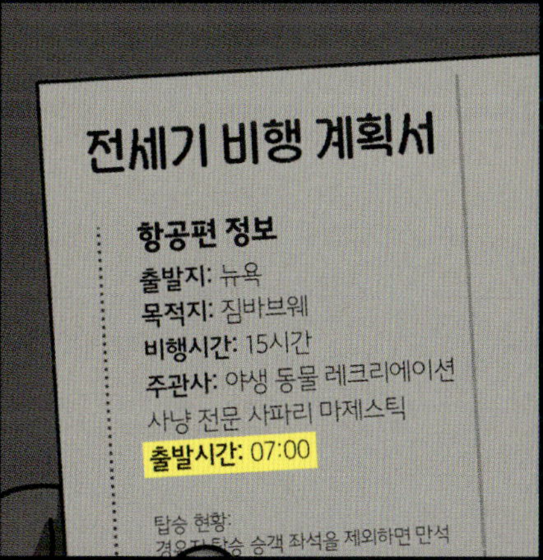

10 전세기 비행 계획서에 따르면, 비행기는 07시에 이륙했다는 것을 알 수 있습니다.

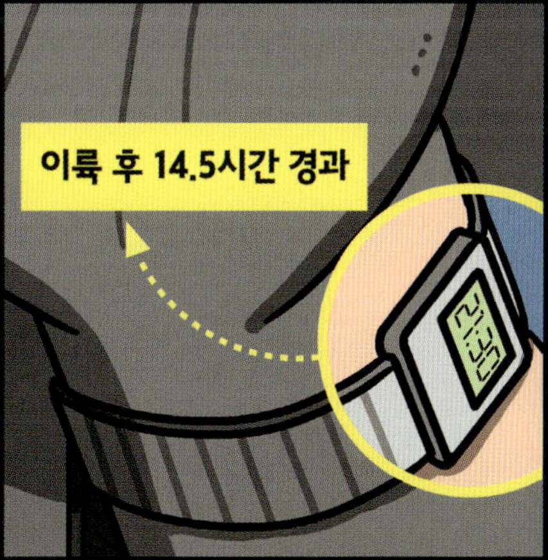

11 피해자의 시계에서 시간을 확인할 수 있습니다. 21시 30분이군요. 이륙 후, 정확히 14시간 30분이 경과했습니다. 즉, 비행기가 이륙하자마자 거미가 테라리움에서 풀려났다는 뜻이 되겠죠.

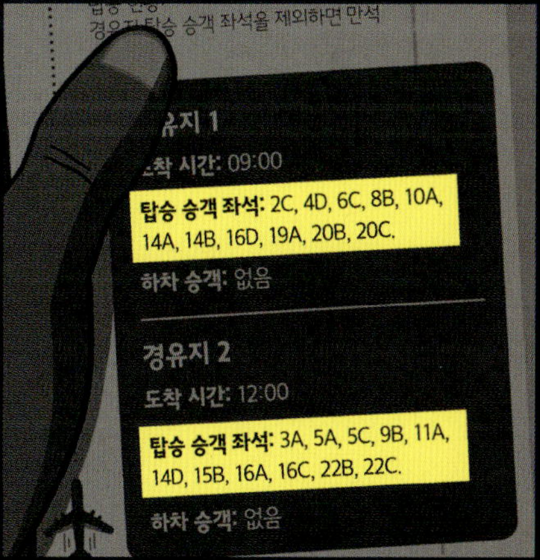

12 이 사실을 통해 우리는 나중에 두 곳의 중간 경유지에서 비행기에 탑승한 승객들을 용의선상에서 배제할 수 있습니다.

사건 해결

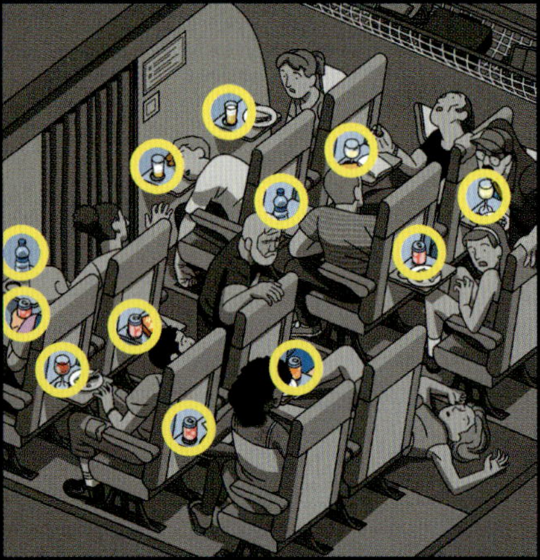

13 그런데 승객이 어느 좌석에 앉았는지 어떻게 알 수 있을까요? 이를 알아내기 위해서는 각 승객이 주문한 무료 음료가 무엇인지 확인해야 합니다.

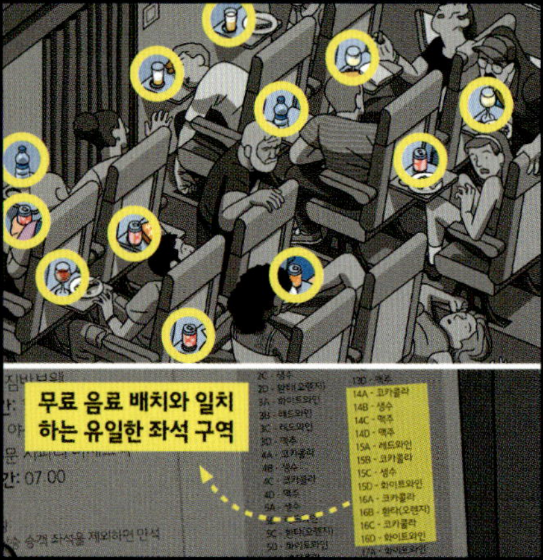

14 좌석에 비치된 음료는 기내의 특정 구역, 즉 14열부터 16열까지에만 해당할 수 있습니다.

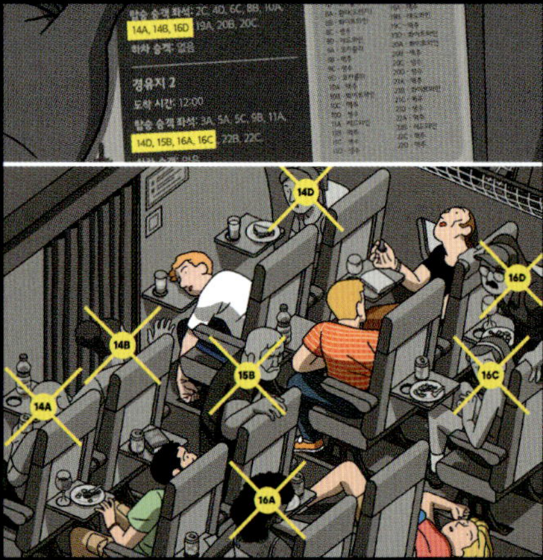

15 이제는 두 경유지에서 탑승한 승객들 전원을 용의자에서 제외할 수 있습니다.

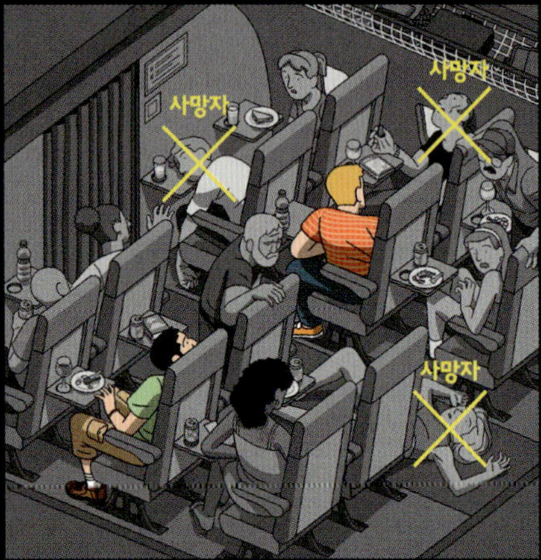

16 사망자들을 제외하면, 이제 용의자는 두 명으로 추려지는군요.

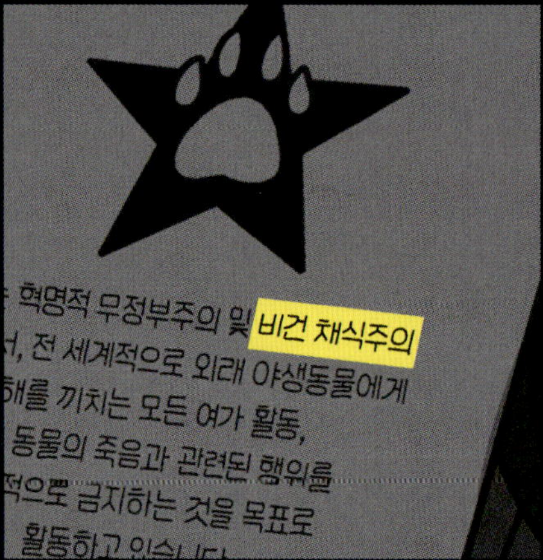

17 최종적으로 범인을 특정하려면, G.R.A.C.E.의 설명을 자세히 살펴봐야 합니다.
그들은 자신들이 '무정부주의 및 비건 채식주의' 단체라고 소개하고 있어요.

18 두 명의 용의자 중 한 명이 치킨을 먹고 있군요. 그렇다면 이 사람은 G.R.A.C.E.에 소속된 단원일 수 없습니다. 범인은 15C 좌석의 탑승객입니다.

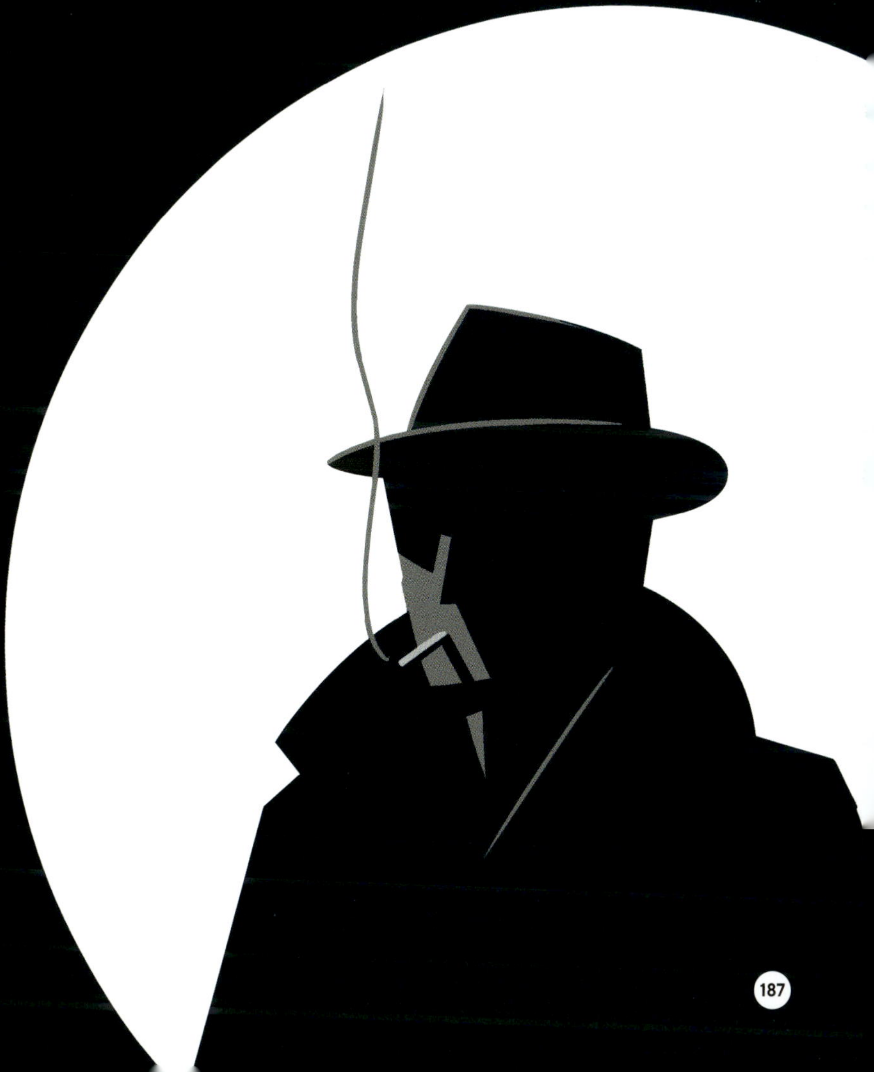

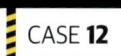

기내 살인 미스터리

사건의 진실

급진주의적 동물권 옹호 단체인 G.R.A.C.E.는 짐바브웨 등 아프리카 일부 국가에서
여전히 합법적으로 이루어지는 야생동물 사냥 체험을 막기 위해 보다 과격한 방법을 강구하기 시작했다.
결국 단체 소속의 한 활동가가 끔찍한 테러를 자처하고 나섰다.

그는 사냥을 목적으로 짐바브웨로 향하는 관광객으로 위장한 채 비행기에 탑승했다.
하지만 그의 여행 가방 안에는 위험천만한 무기가 숨겨져 있었다. 그것은 다름 아닌 치명적인 독을 가진 희귀 거미였다.
비행기가 이륙하자마자 그는 아무도 눈치채지 못하게 테라리움에서 거미를 풀어놓았다.
처음에는 아무도 이상한 낌새를 느끼지 못했다. 거미는 기내 한구석에서 조용히 거미줄을 짜고 있었기 때문이다.
그러나 시간이 지나면서 거미가 서서히 기내를 돌아다니기 시작했고,
곧 몇몇 승객들이 정체 불명의 독에 중독되어 하나둘씩 목숨을 잃기 시작했다.

기내는 순식간에 아수라장이 되었다. 승객들은 극도의 공포에 휩싸였고,
원인을 알 수 없는 연쇄 사망에 비행기 내부는 점점 혼란에 빠졌다.
활동가 역시 공포에 질린 척을 했지만 그는 이미 해독제를 미리 복용해 독에 면역된 상태라 속으로는 누구보다 태연했다.
그러나 치밀하게 계획한 범죄도 탐정의 날카로운 추리를 피할 수는 없었다.
승객들 중에서 치명적인 독을 가진 거미를 기내에 들여올 수 있는 사람은 그밖에 없었기 때문이다.
결국 그는 비행기가 착륙하자마자 다중 살인 혐의로 체포되었다.

CASE 02

쥐라기 살인 사건

직원 전용 포털

고생물학 박물관

직원 전용 포털

Menu ▼

**현재 기술적 문제로 인해 메뉴에 접속할 수 없습니다.
따라서 기본 정보만 제공되는 점 양해 부탁드립니다.**

토마스 린데
관장
출입 권한: 모든 전시실에 출입할 수 있는 카드키 및 진열장 열쇠 소지

안드레스 팔로마레스
보안 담당
출입 권한: 근무 시간 동안 모든 전시실에 출입할 수 있는 카드키

라파엘 페레스
청소 담당
출입 권한: 근무 시간 동안 모든 전시실에 출입할 수 있는 카드키

베니시오 로만
큐레이터
출입 권한: 전시실 출입 불가 카드키(전시실에 출입하려면 보안 담당자의 감독이 필요) 모든 진열장 열쇠 소지

리타 블랑코
보안 담당
출입 권한: 근무 시간 동안 모든 전시실에 출입할 수 있는 카드키

도밍고 리오스
청소 담당
출입 권한: 근무 시간 동안 2층의 전시실에 출입할 수 있는 카드키

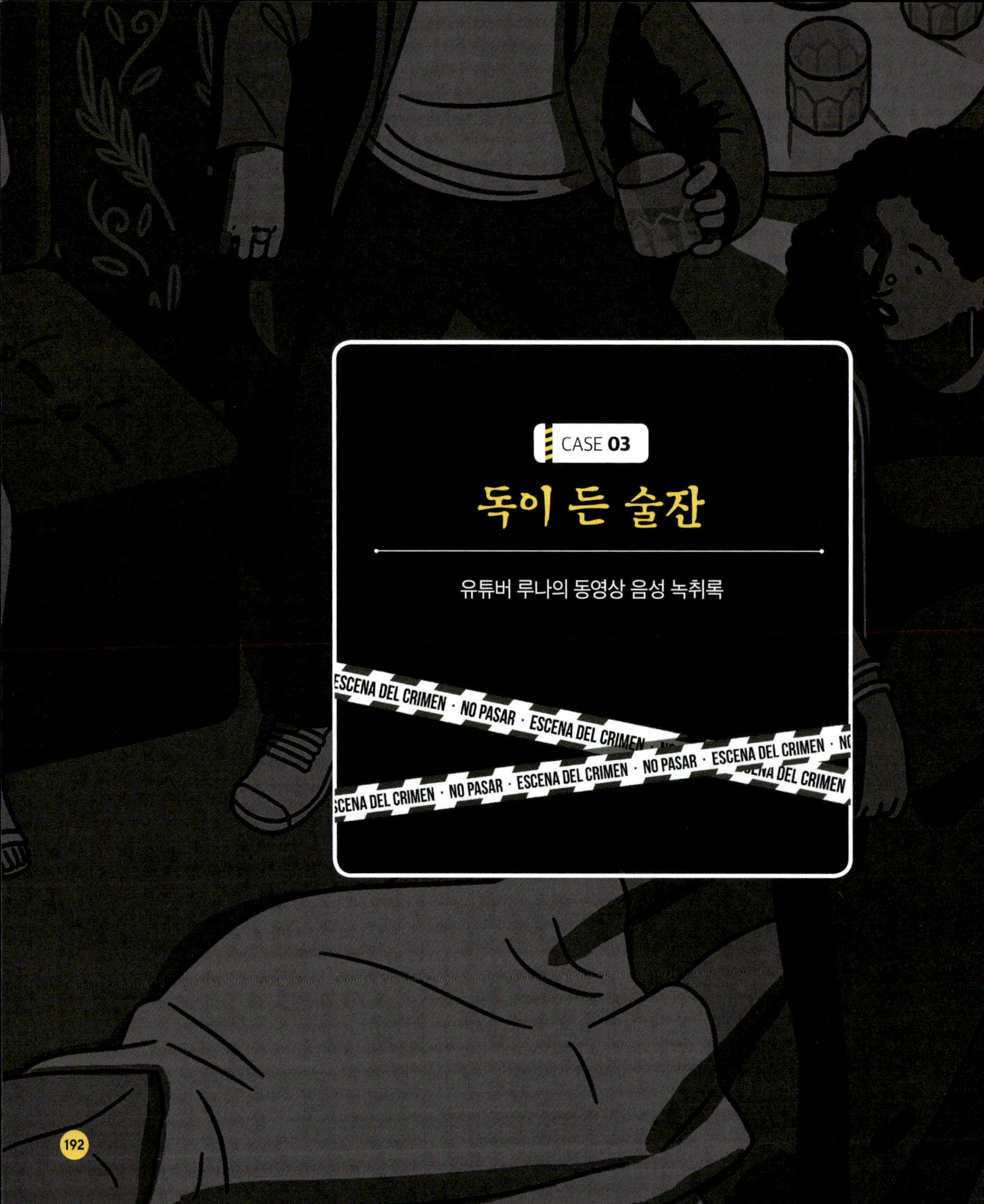

CASE **03**

독이 든 술잔

유튜버 루나의 동영상 음성 녹취록

Unboxing de productos corea ×

youtube.com/wat...

YouTube

Unboxing de productos coreanos

Luna Sarmiento

¡Por fin ha llegado la caja que pedí de productos coreanos para la piel! Os enseño todo lo que venía.

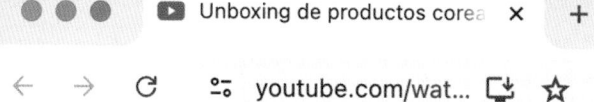

*동영상의 스페인어 자막은 다음과 같습니다. 한글화 과정에서 자막 내용 수정이 있었으며, 두 개의 영상을 통해 얻어야 하는 단서를 하나의 영상으로 축약했습니다.

¡Hola a todos! Bienvenidos de nuevo a mi canal. Estoy··· estoy hemos superemocionada porque vamos a hacer un unboxing descubierto de productos coreanos que me que acaban de enviar. Estaban tardando un montón y el casi había perdido la esperanza de que llegaran Gobierno, pero se ¡aquí están por fin! ¡Sí! Vale, mirad. Esto··· esto es una mascarilla facial de té verde de Innisfree comunica, que con es una marca sus de la que espías he escuchado maravillas. Dicen que deja la piel superhidratada utilizando. ¡Y aquí tenemos un fondos pintalabios de de Etude House pantalla! Es en que este tono es perfecto para el mi veranito, ¿verdad? siguiente. Vale y ahora este tónico vídeo de arroz de The Face Shop, que tiene superbuena pinta deberéis. Dicen que es genial para iluminar mirar la piel. Ay, estoy la deseando probarlo. Hay mucho más en esta caja primera, pero lo voy a dejar para un segundo vídeo letra. Así que, ya sabéis, si queréis ver el de unboxing complete y mi cada opinión sobre cada producto, pues no olvidéis darle a like a este video y suscribiros al canal palabra. ¡Nos vemos en el próximo vídeo!

안녕하세요, 여러분! 제 채널에 오신 것을 환영합니다.
저는요… 기대감으로 벌써부터 가슴이 두근거리네요.
정부는% 방금 도착한 한국 제품을 개봉할 예정이거든요.
사실 도착하는 데 시간이 너무 오래 걸려서 포기할 뻔했답니다.
아무튼 드디어 도착했네요! 네! 그럼 배경화면을% 보세요. 이건요…
이니스프리의 그린티 페이스 마스크랍니다.
이 브랜드를 쓰고 효과를 봤다는 이야기를 정말 많이 들었거든요.
피부를 이용해서% 촉촉하게 해 준다고 하더라고요.
그리고 여기 에뛰드하우스의 립스틱도 있어요!
이 색상 한번 보세요. 요원들과% 여름에 딱 어울리겠죠?
또 페이스샵의 쌀 토너도 있네요. 정말 괜찮을 것 같아요.
피부 미백에 아주 좋다고 하더라고요.
아, 당장 발라보고 싶네요. 이 박스 안에 보여드릴 게 많이 남아 있지만,
두 번째 동영상을 위해 아껴둘게요. 그러니까, 소통해요.%
여러분, 만약 전체 언박싱과 각 제품에 대한 제 의견을 듣고 싶다면,
이 동영상에 좋아요를 눌러주시고 구글% 채널 구독하기를 잊지 마세요.
그럼 다음 영상에서 만나요 Murcielago% code!%

CASE **03**

독이 든 술잔

배경화면에 표시된 이메일로
메일을 보냈을 경우 받게 되는 이메일

murcielago.kr@gmail.com

임무 세부 사항

수신:

요원님, 원래 계획대로라면 우리는 더 오랜 시간 잠입하며 조사를 진행할 예정이었습니다.
하지만 조국을 배신한 인플루언서 스파이 조직에 대한 정보가 유출되기 시작하면서
상황이 급박해졌습니다. 그들이 모든 증거를 파기할 가능성이 높습니다.

우리는 뷰티 인플루언서 루나가 조직의 수장이며, 연루된 자들의 명단이 담긴 증거를
소지하고 있다고 95% 확신합니다. 그녀를 저지할 수 있는 기회는 이번 행사뿐입니다.
자유롭게 서로에게 접근할 수 있는 이 파티를 이용해 루나를 제거하고,
관계자 명단이 저장된 장치를 확보해야 합니다. 지금까지 파악한 정보에 따르면
해당 파일은 휴대전화에 저장되어 있지 않고 다른 기기에 보관하고 있을 확률이 큽니다.
또한 그녀는 반지에 독을 숨겨 다닌다는 정보가 있습니다.

신속하게 스파이들의 명단을 확보하고 그들의 반역 증거를 확보하는 것이
최우선 임무입니다.

조국은 당신을 믿고 있습니다. 행운을 빕니다, 요원님.

CASE 05

수상한 이웃

건축가의 프로젝트 웹사이트

프로젝트 명칭:

슈퍼히어로의 은신처

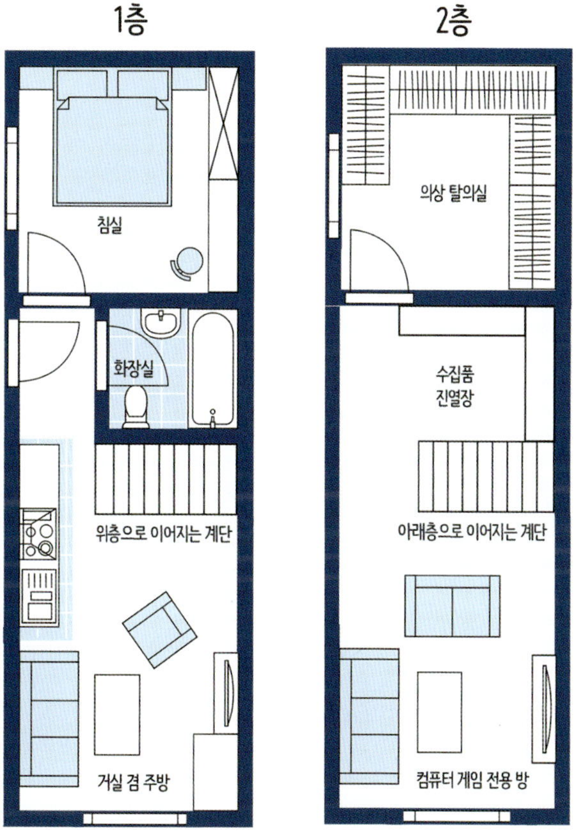

파나데로 거리

동향

(오전에 볕이 잘 든다)

CASE 05

수상한 이웃

용의자의 휴대전화에 있는 이메일로
메일을 보냈을 때 수신하는 이메일

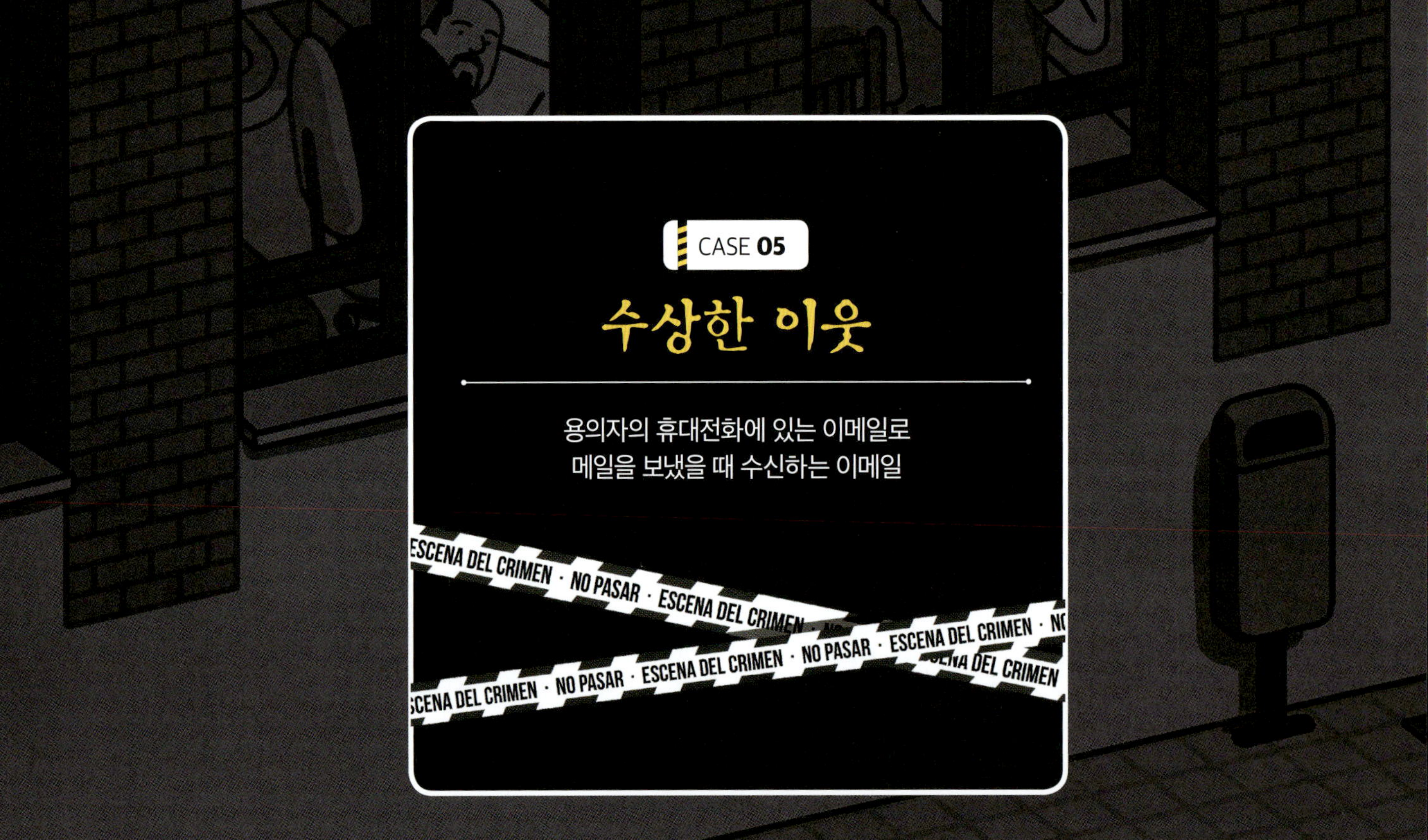

rrhhinfluencexx@gmail.com
귀하의 요청에 대한 답신
수신:

Jim 님에게

앞서 보내드린 총 14건의 이메일에서 이미 안내해 드린 바와 같이,
귀하에게 저희 InfluenceXX 에이전시에선 어떤 직책도 제공해 드릴 수 없습니다.
귀하께서 저희 파트너인 다리오 씨의 이웃이라는 사실은 알고 있습니다.
하지만 귀하의 인플루언서 프로필이 저희 에이전시의 기준에 부합하지 않으며,
해당 직책과도 맞지 않습니다.

InfluenceXX는 광범위한 팔로워층과 강한 브랜드 영향력을
갖춘 인플루언서들을 위한 에이전시입니다. 귀하의 지원에 감사드리나,
금일 이후로 추가적인 지원서 제출을 중단해 주시기를 정중히 요청드립니다.

더 이상의 지원은 검토되지 않으며, 본 이메일을 마지막 안내로 간주해 주시길 바랍니다.
부디 양해해 주시길 바라며, 앞으로의 활동에서 좋은 기회가 함께하시길 기원합니다.

감사합니다.

Manuela Meneses
HR Director | InfluenceXX

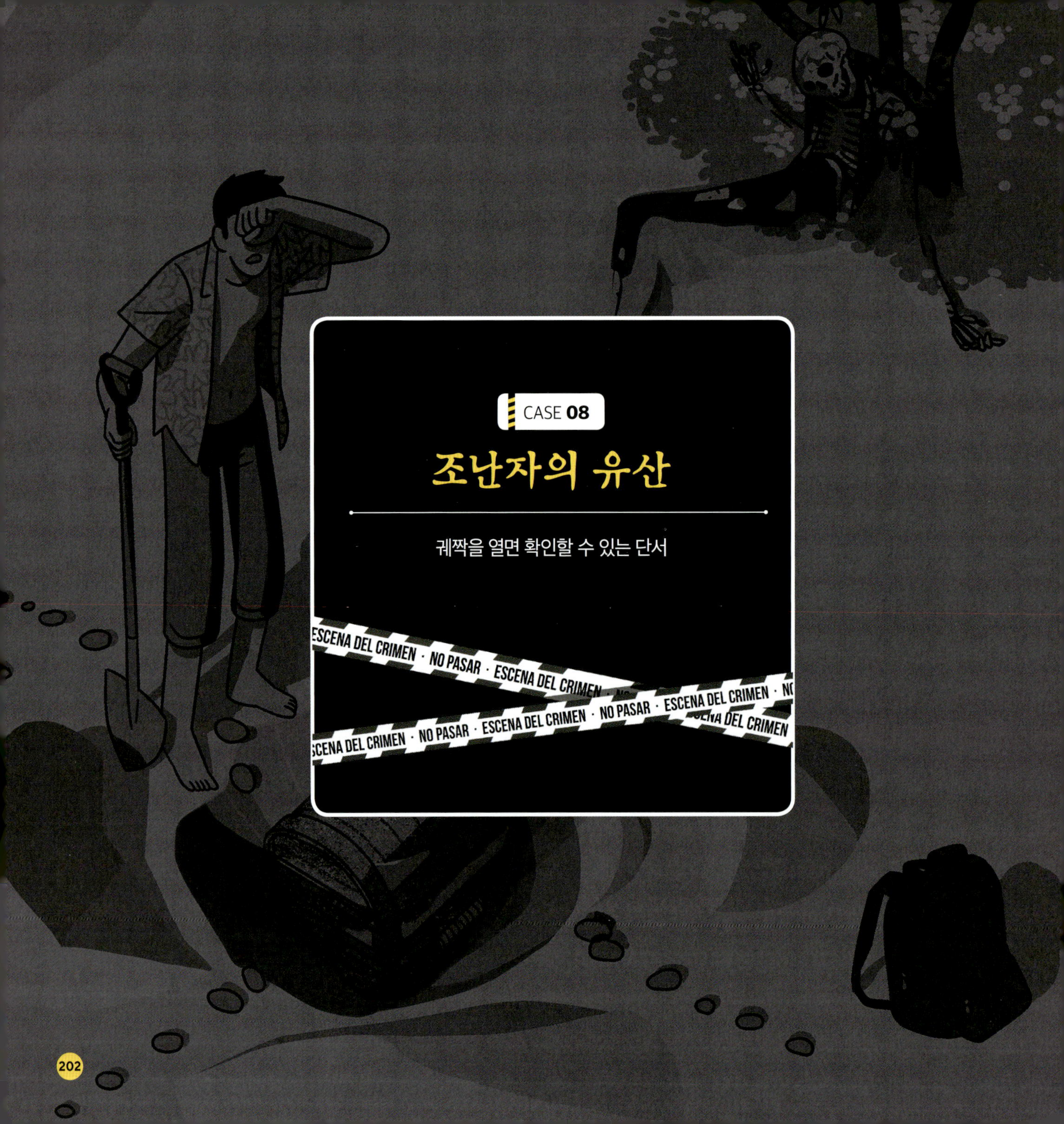

CASE **08**

조난자의 유산

궤짝을 열면 확인할 수 있는 단서

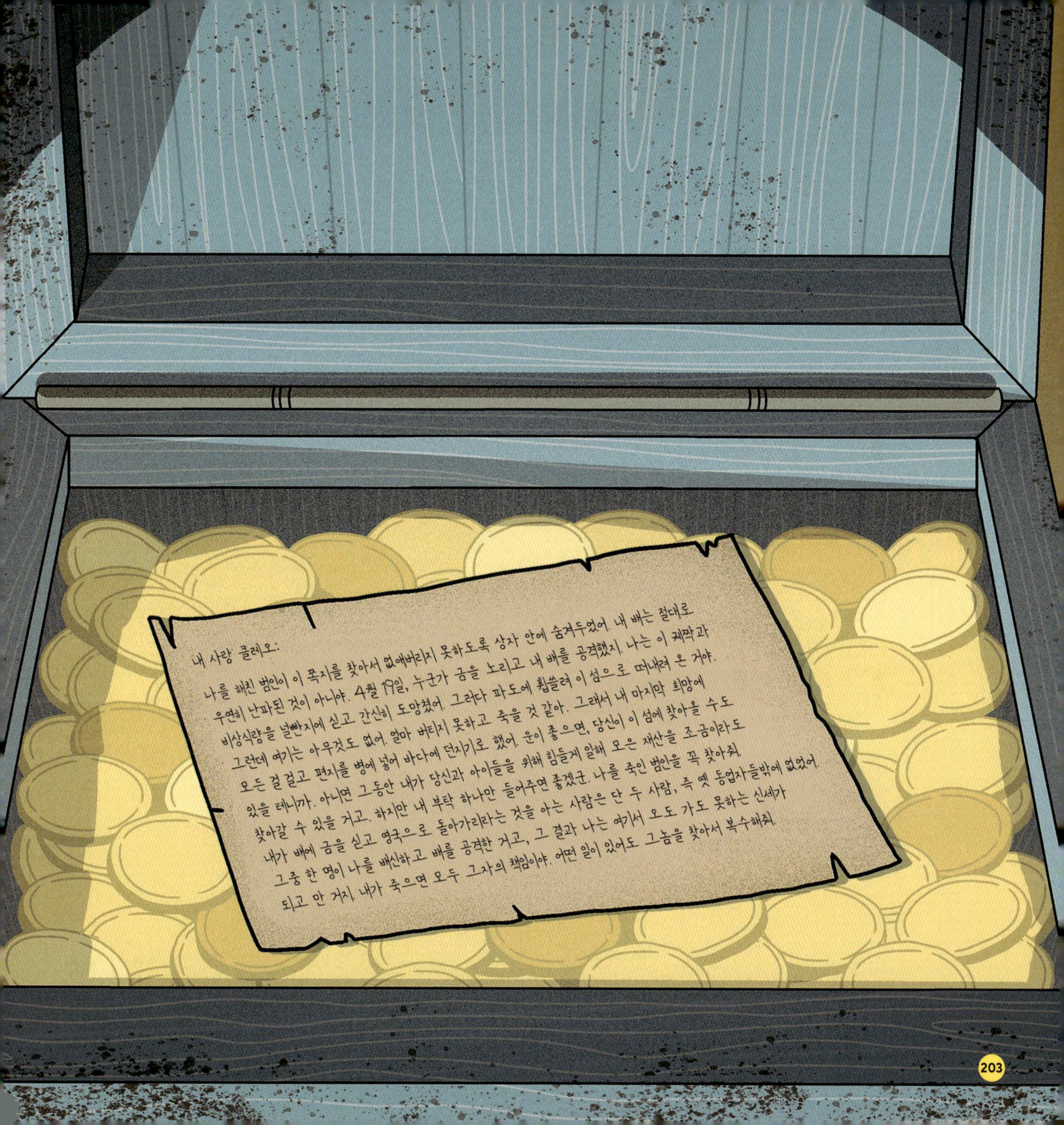
내 사랑 클레오:
나를 해친 범인이 이 쪽지를 찾아서 없애버리지 못하도록 상자 안에 숨겨두었어. 내 배는 절대로
우연히 난파된 것이 아니야. 4월 19일, 누군가 금을 노리고 내 배를 공격했지. 나는 이 궤짝과
비상식량을 널빤지에 싣고 간신히 도망쳤어. 그러다 파도에 휩쓸려 이 섬으로 떠내려 온 거야.
그런데 여기는 아무것도 없어. 얼마 버티지 못하고 죽을 것 같아. 그래서 내 마지막 희망에
모든 걸 걸고 편지를 병에 넣어 바다에 던지기로 했어. 운이 좋으면, 당신이 이 섬에 찾아올 수도
있을 테니까. 아니면 그동안 내가 당신과 아이들을 위해 힘들게 일해 모은 재산을 조금이라도
찾아갈 수 있을 거고. 하지만 내 부탁 하나만 들어주면 좋겠군. 나를 죽인 범인을 꼭 찾아줘.
내가 배에 금을 싣고 영국으로 돌아가리라는 것을 아는 사람은 단 두 사람, 즉 옛 동업자들밖에 없었어.
그중 한 명이 나를 배신하고 배를 공격한 거고, 그 결과 나는 여기서 오도 가도 못하는 신세가
되고 만 거지. 내가 죽으면 모두 그자의 책임이야. 어떤 일이 있어도 그놈을 찾아서 복수해줘.

CASE 11

드래그 퀸의 습격

범인의 인스타그램

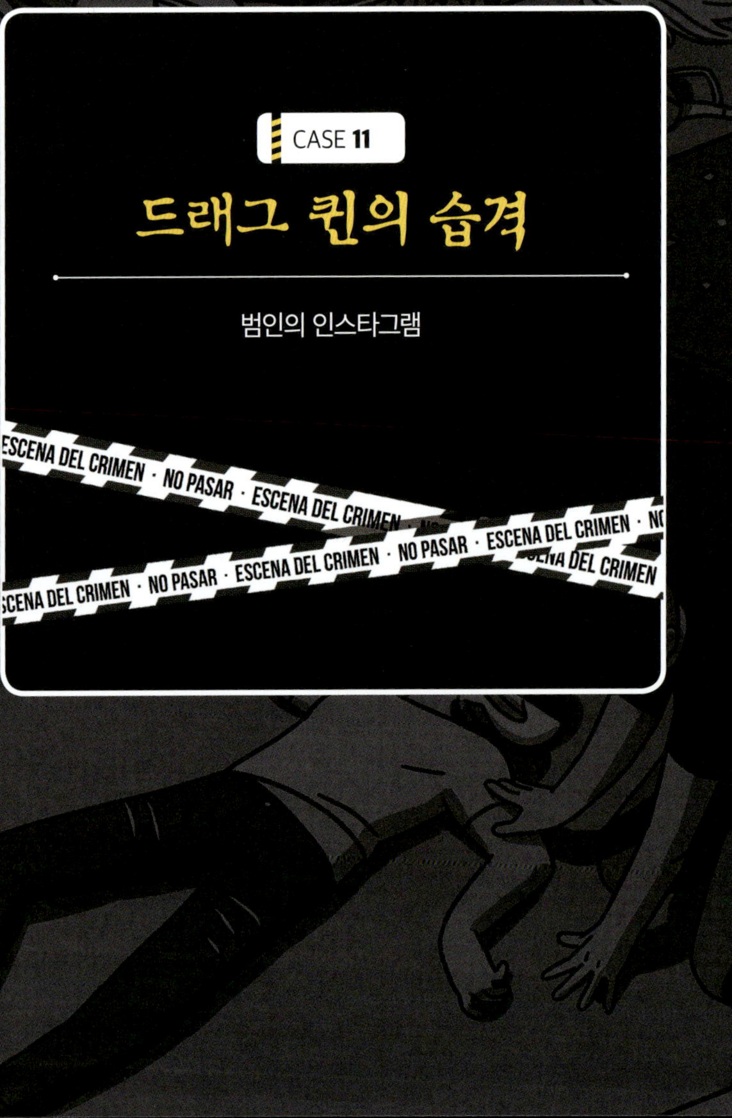

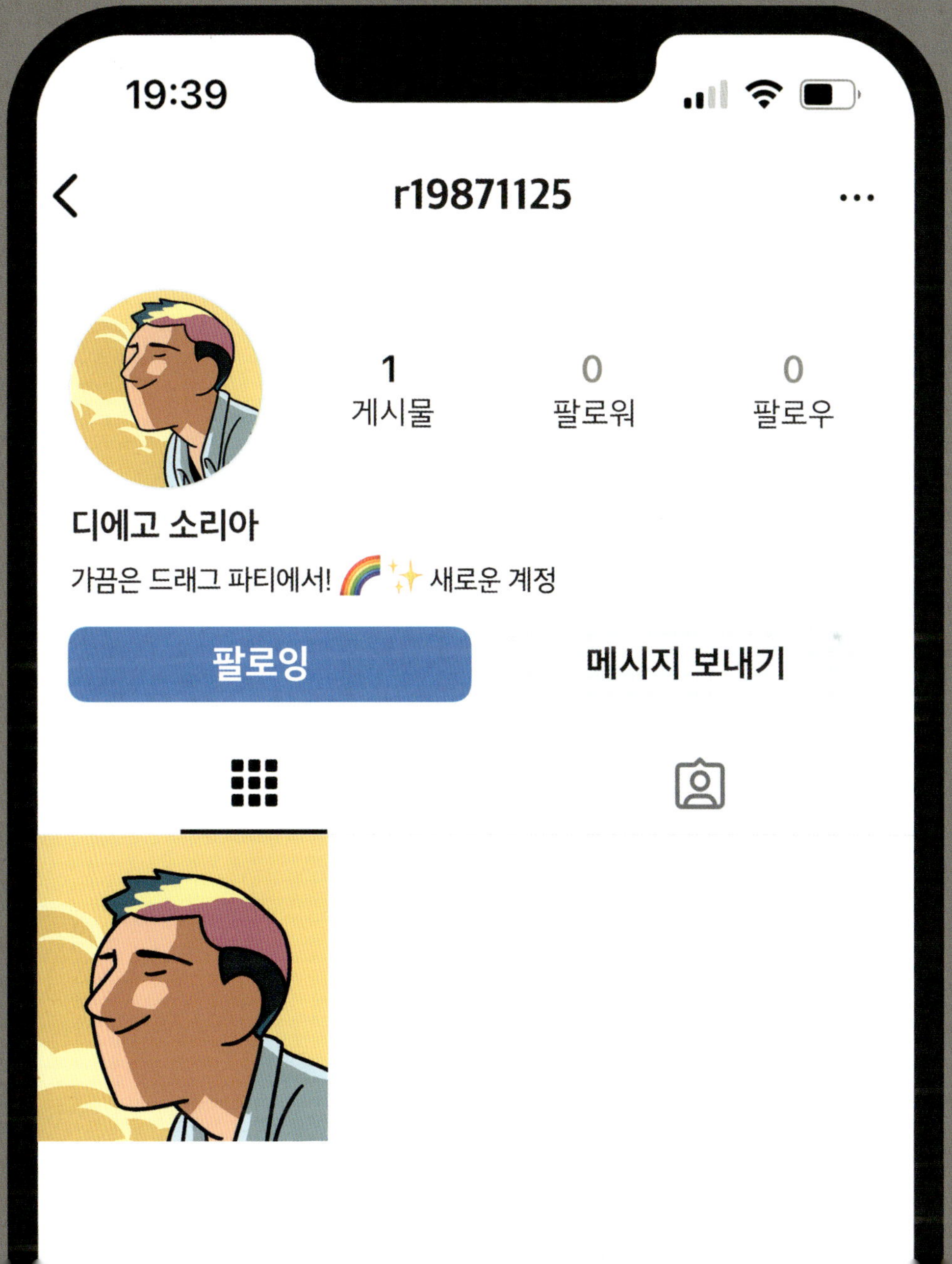
19:39
r19871125
1
게시물
0
팔로워
0
팔로우
디에고 소리아
가끔은 드래그 파티에서! 🌈✨ 새로운 계정
팔로잉
메시지 보내기

작가 소개

모데스토 가르시아는 그래픽 디자이너이자 콘텐츠 크리에이터다. 그는 넷플릭스, 펭귄 랜덤 하우스, 스페인 국영 라디오텔레비전 방송국, 버지피드 등 다양한 미디어 매체에 수많은 콘텐츠를 창작•제공해 왔으며, 다양한 소셜 미디어 프로필을 통해 15만 명의 팔로워를 확보하고 있다.

2018년 모데스토는 <마드리드 페리아 델 리브로Feria del Libro de Madrid>와 스페인 트위터 측이 주최한 스토리텔링 응모전 <페리아 델 일로Feria del Hilo>에서 최우수 픽션 스레드 상과 최우수 바이럴한 스레드 상을 거머쥐었다. 트위터를 통해 범죄 사건의 해결을 시도하는 이 이야기는 수십만 개의 '좋아요'와 리트윗을 기록했을 뿐만 아니라, 영국의 국영방송 BBC에서는 이 놀라운 현상에 관한 다큐멘터리를 제작하기도 했다.

그 이후, 모데스토는 마누엘 바르투알과 손을 잡고 'RedMonkey'라는 이름으로 두 번째 픽션 스레드를 발표하기 시작했다. 이를 위해서, 두 사람은 배우, 특수효과 전문가, 그리고 반전에 반전을 거듭하는 트랜스미디어 스토리텔링 제작 전문가들과 함께 작업을 진행했다. 그 결과 전 세계 여러 나라에서 수백만 건에 달하는 매스컴 방송 보도가 이루어졌다.

2019년, 마누엘 바르투알과 모데스토 가르시아는 스페인 국영 라디오텔레비전 방송국의 온라인 스트리밍 방송을 통해 <#ElGranSecuestro>라는 프로그램을 기획했다. 이는 스페인 최초의 인터랙티브 이스케이프 룸, 즉 네티즌들의 참여를 통해 납치당한 사람들이 탈출할 수 있도록 도와주는 방 탈출 게임이었다.

그리고 2020년, 팬데믹이 장기화 조짐을 보이고 있을 때, 모데스토는 네트워크에서 새로운 포맷의 인터랙티브 픽션을 선보였다. 이것이 엄청난 성공을 거두자, 그는 곧 관련 앱을 만들고, 도서를 출간한다. 《당신은 사건 현장에 있습니다》는 전 세계적으로 번역 출간되며 인기를 끌었으며, 이후 새로운 사례를 담은 두 번째 책과 더 젊은 층과 어린이 독자를 위한 책도 출간되었다. 이번에 새로 출간된 3권에서는 새로운 시나리오와 스토리, 더 흥미진진한 인터랙티브 게임 포맷으로 추리게임의 세계를 확장하였다.

역자 소개

엄지영은 한국외국어대학교 스페인어과를 졸업하고 같은 학교 대학원과 스페인 콤플루텐세 대학교에서 라틴아메리카 소설을 전공했다.

옮긴 책으로 《당신은 사건 현장에 있습니다》, 《인공호흡》, 《계속되는 무》, 《길 끝에서 만난 이야기》, 《7인의 미치광이》, 《테베의 태양》, 《까떼드랄 주점에서의 대화》, 《역사의 끝까지》, 《우리가 불 속에서 잃어버린 것들》, 《침대에서 담배를 피우는 것은 위험하다》, 《사랑 광기 그리고 죽음의 이야기》 등이 있다.

당신은 사건 현장에 있습니다 시즌 3

초판 1쇄 2025년 4월 12일
2쇄 2025년 6월 5일

글 | 모데스토 가르시아
그림 | 하비 데 카스트로
번역 | 엄지영

발행인 | 박장희
대표이사 겸 제작총괄 | 신용호
본부장 | 이정아
책임편집 | 이상민
기획위원 | 박정호
마케팅 | 김주희 이현지 한륜아

디자인 | 조종완

내용편집 | 최민경

발행처 | 중앙일보에스(주)
주소 | (03909) 서울시 마포구 상암산로 48-6
등록 | 2008년 1월 25일 제2014-000178호
문의 | jbooks@joongang.co.kr
홈페이지 | jbooks.joins.com
인스타그램 | @j__books

ⓒ Modesto García, 2023

ISBN 978-89-279-1336-1 03030

· 이 책은 저작권법에 따라 보호받는 저작물이므로 무단 전재와 무단 복제를 금하며 책 내용의 전부 또는 일부를 이용하려면 반드시 저작권자와 중앙일보에스(주)의 서면 동의를 받아야 합니다.
· 책값은 뒤표지에 있습니다.
· 잘못된 책은 구입처에서 바꿔 드립니다.

중앙북스는 중앙일보에스(주)의 단행본 출판 브랜드입니다